Quaderno degli esercizi

 Die Audios findest du auf www.cornelsen.de/codes. Dort gibst du den folgenden Zugangscode ein: cuvaci

Cornelsen

Ecco 3
Lehrwerk für Italienisch
Quaderno degli esercizi

Herausgegeben von Philipp Volk

Im Auftrag des Verlages erarbeitet von Rosmarie Legler, Mariella Quarantelli, Iulia Stegmüller

und der Redaktion Judith Krieg, Louisa Pabst

Projektleitung: Heike Malinowski

Umschlaggestaltung: vitaledesign, Berlin
Layout: graphitecture book & edition
Technische Umsetzung: Straive

Umschlagfoto: © laif / hemis.fr / Gil Giuglio

Audios
Studio: Clarity Studio Berlin
Regie: Louisa Pabst, Christian Schmitz
Tontechnik: Christian Schmitz, Pascal Thinius
Sprecherinnen und Sprecher: Lorella Borelli, Silvia Cavallari, Pierpaolo De Luca, Riccardo Vino

Symbole und Verweise

- 🎧₂ Hörverstehen/Tracknummern
- ✏️ Schreiben
- **GC** Grammatica combinata
- 👥 Partnerarbeit
- 🇩🇪🇮🇹 Sprachmittlung
- //○ Differenzierungsaufgabe (leicht)
- //● Differenzierungsaufgabe (schwer)
- ▶ Testo, p. 8   Verweis auf Seiten im Schülerbuch

Im Lernmittel wird in Form von Symbolen auf eine CD verwiesen; diese enthält – bis auf die Hörverstehensübungen – ausschließlich optionale Unterrichtsmaterialien. Die CD unterliegt nicht dem staatlichen Zulassungsverfahren.

Soweit in diesem Lehrwerk Personen fotografisch abgebildet sind und ihnen von der Redaktion fiktive Namen, Berufe, Dialoge und Ähnliches zugeordnet oder diese Personen in bestimmte Kontexte gesetzt werden, dienen diese Zuordnungen und Darstellungen ausschließlich der Veranschaulichung und dem besseren Verständnis des Inhalts.

www.cornelsen.de

Alle Drucke dieser Auflage sind inhaltlich unverändert und können im Unterricht nebeneinander verwendet werden.

© 2022 Cornelsen Verlag GmbH, Berlin

Das Werk und seine Teile sind urheberrechtlich geschützt. Jede Nutzung in anderen als den gesetzlich zugelassenen Fällen bedarf der vorherigen schriftlichen Einwilligung des Verlages. Hinweis zu §§ 60a, 60b UrhG: Weder das Werk noch seine Teile dürfen ohne eine solche Einwilligung an Schulen oder in Unterrichts- und Lehrmedien (§ 60b Abs. 3 UrhG) vervielfältigt, insbesondere kopiert oder eingescannt, verbreitet oder in ein Netzwerk eingestellt oder sonst öffentlich zugänglich gemacht oder wiedergegeben werden.
Dies gilt auch für Intranets von Schulen.

Die enthaltenen Links verweisen auf digitale Inhalte, die der Verlag bei verlagsseitigen Angeboten in eigener Verantwortung zur Verfügung stellt. Links auf Angebote Dritter wurden nach den gleichen Qualitätskriterien wie die verlagsseitigen Angebote ausgewählt und bei Erstellung des Lernmittels sorgfältig geprüft. Für spätere Änderungen der verknüpften Inhalte kann keine Verantwortung übernommen werden.

Druck: Athesiadruck GmbH

1. Auflage, 1. Druck 2022
Schülerfassung
978-3-06-023372-4

1. Auflage, 1. Druck 2022
Lehrerfassung
978-3-06-024390-7

PEFC zertifiziert
Dieses Produkt stammt aus nachhaltig bewirtschafteten Wäldern und kontrollierten Quellen.
www.pefc.de

PEFC/18-31-166

1 TRADIZIONE – BENEDIZIONE O MALEDIZIONE?

APPROCCIO

COMPRENSIONE AUDITIVA

1 a Ascolta il testo e indica la risposta corretta.

1.
   a C'è stato un aumento di turisti stranieri.
   b La cifra dei turisti italiani non è aumentata.
   c È aumentata la cifra dei turisti sia italiani che stranieri.

2.
   a Gli italiani preferiscono Riccione.
   b Gli abitanti del Bel Paese amano la Sardegna.
   c Gli italiani vanno in molte città siciliane.

3.
   a Gli stranieri vanno in Sardegna.
   b Agli stranieri piacciono molto la Puglia e la Sicilia.
   c Stranieri e italiani amano le stesse cose.

4.
   a Jesolo e Rimini hanno splendide spiagge.
   b A Jesolo e Rimini ci sono tante discoteche.
   c La Sardegna è famosa per il mare azzurro.

b Ascolta ancora una volta e completa la lista dei top 10 delle destinazioni balneari² degli italiani. Aggiungi le particolarità dei posti se menzionate.

LE DESTINAZIONI

1.
2.
3.
4.
5.
6.
7. Sottomarina
8.
9.
10.

LE PARTICOLARITÀ

1.
2.
3.
4.
5.
6.
7. lunga spiaggia, famosa località turistica
8.
9.
10.

²la destinazione balneare *Reiseziel am Meer, Badeort*

c Cerca le destinazioni su una mappa dell'Italia in Internet. Controlla se i nomi sono scritti in modo corretto.

d Ascolta ancora un'altra volta. Guarda le foto e scrivi di quali posti si tratta.

1 Tradizione – benedizione o maledizione?

2 a Durante uno scambio in Italia devi preparare una relazione sul tema "L'Italia come meta turistica". Stai cercando delle informazioni e ascolti il seguente reportage alla radio. Completa la statistica.

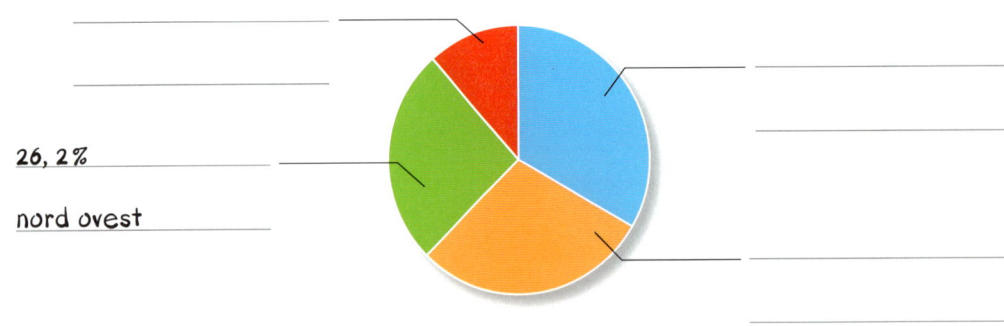

26, 2 %
nord ovest

b Prima della tua presentazione ti prepari alle domande che ti potrebbero fare i tuoi compagni italiani. Scrivi le tue risposte.

1. Quali sono le città più visitate dai turisti?
   _____

2. Perché i turisti tedeschi sono importanti per l'Italia?
   _____

3. Qual è la regione con il maggior guadagno?
   _____

4. Qual è la regione italiana più visitata dai turisti?
   _____

LA LINGUA

3 Da quali aggettivi provengono questi superlativi?

1. il migliore / la migliore _____
2. il maggiore / la maggiore _____
3. il minore / la minore _____
4. il peggiore / la peggiore _____

4 Presenta una destinazione a un gruppo di turisti italiani. Scrivi almeno tre espressioni. | Was sagst du, wenn …

1. … etwas besonders schön, groß, klein ist.
   _____

2. … etwas das Schönste, Größte, Kleinste der Welt/Italiens/Deutschlands ist.
   _____
   _____

ESPRESSIONE SCRITTA

5 Alcuni amici italiani vorrebbero visitare una città interessante in Germania. Consiglia tre posti ai tuoi amici. Spiega quali sono le cose particolari di ogni posto, dove si trovano e che cosa ci si può fare di divertente. Scrivi un messaggio nel tuo quaderno.

1A IL PALIO – TRADIZIONE VIOLENTA?

COMPRENSIONE LETTURA

1 a Leggi il testo alle pp. 10–11 nel libro e completa la tabella con gli argomenti usati dalle persone.

aspetti positivi	aspetti negativi

b Rintraccia nel testo le espressioni a cui segue il congiuntivo.

COMPRENSIONE AUDITIVA

2 Ascolta l'intervista di Paolo Bosso con gli attivisti del movimento animalista. Scrivi gli argomenti pro e contro gli eventi con gli animali.

> Gli addestratori usano la frusta.

> Gli animali non vivono la loro vita naturale.

1 Tradizione – benedizione o maledizione?

LA LINGUA

Il vocabolario

3 Leggi il testo alle pp. 10–11 nel libro, cerca le espressioni per discutere un tema e completa la rete di parole.
▶ Wortschatz lernen, pp. 124–125

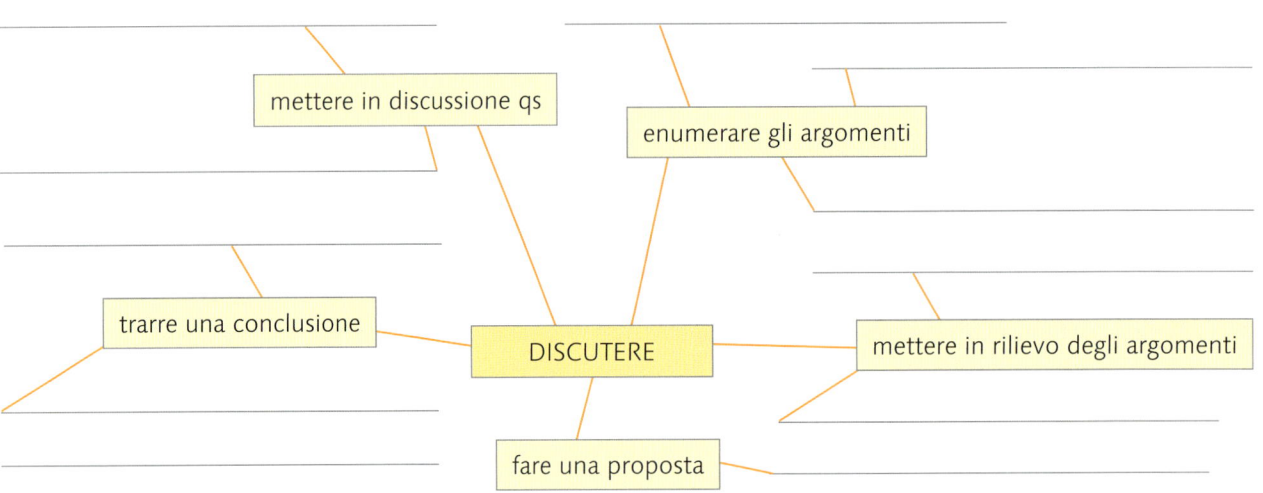

Il congiuntivo passato

4 Bisogna proteggere gli animali! Metti le forme corrette dei verbi al congiuntivo passato.

Nonostante _____ tante volte in Spagna, non ho mai voluto vedere una *andare*

corrida¹. Per questo credo che a Siena i responsabili del Palio nel terzo millennio *esagerare*

_____ davvero _____ . E non voglio credere che *dare*

_____ medicine a quei poveri animali per farli correre più veloce. Benché

queste persone fino a oggi _____ tranquillamente, è ora di fare qualcosa. *dormire*

¹ la corrida – *der Stierkampf*

GC 5 A scuola devi preparare una presentazione sulla storia di Siena. In Internet hai trovato il seguente articolo. Completa il testo con le seguenti congiunzioni, le forme dei verbi (indicativo o congiuntivo? Presente o passato?) e quello/-a.

prima che   affinché   quando   senza che

Si dice che il primo Palio _____ (*nascere*) parallelamente alla fondazione di Siena,

_____ Aschio e Senio, figli di Romolo, _____ (*arrivare*) in _____

città dopo una lunga corsa a cavallo. _____ si _____ (*esagerare*), si può dire che la

vita degli abitanti si concentra su _____ evento in cui 10 delle 17 contrade della città partecipano a

un concorso. _____ la gente _____ (*sentirsi*) davvero parte

_____ suo quartiere, una volta all'anno si organizza una grande Festa della Contrada e in

_____ occasione si _____ (*dare*) il benvenuto anche ai nuovi bambini.

Tradizione – benedizione o maledizione?

ESPRESSIONE SCRITTA

6 Uniforme scolastica sì o no? Guarda gli argomenti e scrivi un tuo commento nel tuo quaderno. Usa le espressioni dell'esercizio 3. Non dimenticare una conclusione.

PRO
Non ci sono differenze di classe.
Non si deve pensare ogni giorno a che cosa mettersi.
Si risparmiano soldi per comprare dei vestiti di grandi marche.

CONTRO
Si perde la libertà individuale.
Si perde la fantasia personale.
Si mettono sempre gli stessi vestiti.

MEDIAZIONE

7 a Sei a Siena con amici e vuoi vedere il Palio. Incontri un gruppo di tedeschi che partecipano a una manifestazione contro la famosa corsa dei cavalli. Ti danno un articolo in tedesco che tratta dell'attività *Italian Horse Protection Association* (IHP). Fa' un riassunto per i tuoi amici italiani nel tuo quaderno.
▶ Sprachmittlung, p. 145

BRUTAL, BRUTALER, PALIO

Kennst du den Palio in Siena, das jährlich zweimal in Siena durchgeführte Spektakel, ein historisches Ereignis, doch eigentlich eine enorme Tierquälerei unter dem Deckmantel der Kultur und Tradition?
5 Da das Rennen nicht auf einer Pferderennbahn stattfindet, sondern in einer engen, nur mit Sand bedeckten Gasse, sind – besonders in der Curva San Martino – Stürze, Verletzungen und bisweilen sogar der Tod der Tiere unvermeidbar. Diese Touristenat-
10 traktion dient einzig und allein dem wirtschaftlichen Aufschwung in Siena. Denn jährlich strömen zahlreiche Besucher aus der ganzen Welt herbei, um diese Veranstaltung zu sehen – zur Freude der italienischen Tourismusbranche. Die große Anzahl ver-
15 letzter oder toter Tiere zeigt, dass ihr Schutz in keiner Weise eine Rolle spielt. In den vergangenen 15 Jahren sind sieben Pferde, seit 1970 insgesamt sogar 50 Tiere beim Palio ums Leben gekommen.
Zum Schein wurden Sicherheitsstandards eingeführt,
20 wie Alkoholtests für Jockeys vor dem Rennen oder eine sorgfältige Auswahl der Pferde: Doch auch gegen diese wird regelmäßig verstoßen. Wie lange lassen wir uns das noch gefallen?

Dem soll nun ein Ende gemacht werden und dafür
25 setzen wir uns ein! Die Tierschutzorganisation Italian Horse Protection Assosiation (IHP) geht gegen das Leiden der Tiere vor. So fordert sie die italienischen Politiker auf, den Palio zu verbieten. Da sie nicht auf offene Ohren stößt, wendet sich die IHP
30 zur Unterstützung nun an andere Länder und bittet sie um Unterschriften. Denn die italienischen Politiker sollen merken, dass die Ausbeutung der Tiere dem Ansehen Italiens schadet.
Die Tierschützer sehen ihre Demonstration als gro-
35 ßen Erfolg, so auch Stefano Fuccelli, Präsident der Europäischen Tierschutzpartei (PAE).
Unser Appell lautet also: Bitte unterstütze diese Petition durch deine Stimme, denn diese Grausamkeit darf nicht mehr länger zugelassen werden.

b Dopo che hai raccontato di questa organizazzione, uno dei tuoi amici ti fa ancora due domande.

1. Perché una manifestazione straniera si occupa del Palio?

   Tu: _____

2. Qual è l'appello di questa organizzazione?

   Tu: _____

sette **7**

1B SERENA NELLA SERENISSIMA

COMPRENSIONE LETTURA

1 a Leggi il testo a p. 14 nel libro e completa le seguenti frasi.

1. Una settimana fa Francesca mi ha trascinata a forza perché _____

2. Ringrazio soprattutto il nonno; me l'ha detto _____

3. Dappertutto si potevano vedere _____

4. Un'altra cosa fuori luogo _____

b Spiega in italiano con parole tue che cosa significano le seguenti espressioni.

1. trascinare a forza _____

2. dire una cosa cento volte _____

3. posizioni suggestive _____

4. una cosa fuori luogo _____

LA LINGUA

I pronomi doppi

2 Alessandro e Giulia vogliono andare a Venezia e parlano del loro viaggio. Completa il dialogo con i pronomi doppi.

G: I tuoi quando ti daranno i libri su Venezia?

A: Forse _____ daranno domani.

G: Capisco. Ma Luisa ti ha dato qualche consiglio su che cosa fare a Venezia? I suoi nonni abitano lì.

A: No, ha detto che _____ (a me, di questa cosa) parlerà, ma non so bene quando.

G: Piuttosto, a proposito di Luisa, le hai portato la sua bicicletta? _____ ha data la scorsa settimana.

A: Certo che _____ ho data!

G: Potremmo portare un regalo ai nonni di Luisa, che ne pensi?

A: Sì, va bene, _____ portiamo, però adesso organizziamo bene il viaggio: dove andiamo a dormire?

G: All'albergo Serenissima, _____ ha detto Luisa, non lo sai più?

A: Ah davvero? _____ sono dimenticato…

G: Ma quante volte _____ devo dire!!! Devi stare più attento, quando qualcuno ti parla!

Il condizionale presente, il congiuntivo presente e l'imperfetto

3 a A destra trovi dei verbi al congiuntivo imperfetto. Scrivili all'infinito. Poi scrivi la 3ª persona plurale al condizionale presente.

infinito	condizionale presente	congiuntivo imperfetto
1. _____	_____	Benché Lara stessi bene, quel giorno non usciva di casa.
2. _____	_____	Prima che io le dessi il libro, Anna mi ha chiesto di raccontarle la storia.
3. _____	_____	Abbiamo mangiato all'aperto sebbene facesse freddo.
4. _____	_____	Prima che ci fossero tanti turisti, Venezia era più bella.
5. _____	_____	Laura ha fatto tutto perché andassi al cinema con lei.
6. _____	_____	Siamo usciti senza stivaloni benché ci fosse acqua alta.

b Completa le frasi con le forme corrette dei verbi.

1. Non credo che le navi da crociera _____ (*essere*) pericolose per la città.
2. Penso che le maschere di Star Wars _____ (*fare*) parte di un nuovo tipo di cultura.
3. Sebbene il Carnevale _____ (*diventare*) ogni anno più pericoloso, i turisti continuano ad andarci.
4. Voglio che la gente _____ (*mettersi*) i costumi.
5. È necessario che tutti _____ (*partecipare*) alla festa.
6. Ho paura che prima o poi si _____ (*dimenticare*) la tradizione.
7. Non penso che _____ (*potere*) divertirci così.
8. Temo che _____ (*partecipare*) solo persone anziane.
9. Ho paura che le navi _____ (*sbattere*) contro le case.

c Scrivi le frasi dell'esercizio 3b al passato. Attenzione al tempo e al modo del verbo.

1 Tradizione – benedizione o maledizione?

ESPRESSIONE SCRITTA

4 Com'era la tua vita quando avevi dieci anni? Che cosa (non) volevi che facessero i tuoi genitori, i tuoi fratelli e le tue sorelle, i tuoi professori o il tuo migliore amico/la tua migliore amica? Scrivi sei frasi.

> *dare* dei bei voti *aiutare* a fare i compiti *giocare* a *discutere* con *organizzare* un viaggio a
> *raccontare* i segreti a *fare* qualcosa di divertente *ascoltare* i miei problemi *leggere* il mio diario

Quando avevo dieci anni volevo che _____

_____

_____

Non mi piaceva che _____

_____

_____

COMPRENSIONE AUDITIVA

5 a Sei a Venezia con i tuoi amici e state facendo la visita guidata della città. Ascolta la guida turistica e indica le risposte corrette.

1. Venezia
   a l'hanno fondata i Longobardi.
   b è nata alla fine dell'Impero Romano.
   c l'ha fondata Napoleone.

2. Venezia
   a era sotto il governo di un Doge.
   b era una monarchia.
   c era sotto il governo dell'Austria.

3. Il nome Serenissima
   a viene dai tempi delle Repubbliche Marinare.
   b Venezia l'ha ricevuto in onore del Doge Serenin.
   c l'ha ricevuto al momento dell'indipendenza dall'Austria.

4. La sua basilica
   a conserva frammenti della croce di Cristo.
   b è la più grande d'Italia.
   c è uguale a quella di Pisa e di Amalfi.

b I tuoi amici tedeschi non capiscono tutto quello che dice la guida turistica. Rispondi alle loro domande.

1. Warum wurden die Inseln in der Lagune besiedelt?

_____

2. Womit handelte Venedig in früherer Zeit?

_____

3. Warum verlor die Stadt am Ende des 15. Jahrhunderts an Macht?

_____

4. Was machte Napoleon mit Venedig?

_____

Tradizione – benedizione o maledizione?

Officina di mediazione

1 La tua famiglia decide di passare una vacanza a Venezia. Per questo i tuoi genitori ti fanno alcune domande. Rileggi i testi alle pp. 18–19 nel libro.

> **1** Haben die vielen Kreuzfahrtschiffe etwas mit dem Hochwasser zu tun?

> **2** Welche Maßnahmen ergreifen die Behörden, wenn es Hochwasser gibt?

> **3** Werden wir immer mit einer Gondel unterwegs sein oder gibt es auch eine andere Möglichkeit?

> **4** Wie empfinden die Venezianer das Leben in ihrer Stadt?

2 Spiega le espressioni a destra con le tue parole in tedesco affinché i tuoi genitori capiscano la loro funzione. Ti aiutano le foto alle pp. 18–19 nel libro.

1. la gondola   2. il vaporetto   3. la paratia   4. la passerella

3 Adesso rispondi alle domande dei tuoi genitori. Controlla le tue risposte. ▸ Sprachmittlung, p. 145

a Hai risposto soltanto alle domande. Non hai scritto niente sulle altre cose scritte nei testi.
b Hai riassunto le informazioni più importanti (riguardo alle domande) senza tradurre parola per parola.
c Le mie risposte in tedesco si capiscono bene benché gli altri non conoscano i testi e i fenomeni a Venezia.

1. _____

2. _____

3. _____

4. _____

undici **11**

Tradizione – benedizione o maledizione?

Angolo di lettura

La storia del ponte di Rialto

- Il ponte di Rialto era il punto centrale del commercio, perché qui si ritrovavano sia i veneziani sia gli stranieri a vendere i loro prodotti. Molti artisti amavano dipingere questo particolare mercato pieno di colori e i letterati lo descrivevano nei loro testi.
- Il ponte è stato costruito per permettere a tutti di attraversare il Canal Grande, che tagliava in due la città. Nel sedicesimo secolo la città di Venezia decide di costruire un ponte in pietra e quindi partecipano al progetto molti architetti importanti. In ogni caso, ci sono voluti 37 anni per completare la costruzione del ponte, avvenuta nel 1591 grazie ad Antonio da Ponte.
- Si dice che un uomo e una donna abbiano fatto una specie di scommessa riguardo alla fine dei lavori del ponte, appunto perché questi parevano non terminare mai. Entrambi avevano fatto le seguenti dichiarazioni: alla fine della costruzione la donna avrebbe preso fuoco e all'uomo sarebbe cresciuta una terza gamba.
- A questo punto lo scultore Guglielmo Bergamasco ha deciso di scolpire su un pilastro del vicino Palazzo Carmelenghi un uomo e sul pilastro opposto una donna per ricordare questa vicenda. Si possono vedere dalla parte esterna del ponte di Rialto.

1 Leggi il testo. Con l'aiuto delle immagini, del contesto e di altre lingue cerca il significato delle parole sottolineate.

2 Crea un dialogo tra la donna e l'uomo che si vedono sul pilastro.

3 Spiega con le tue parole in italiano la funzione del ponte.

Tradizione – benedizione o maledizione?

AUTOCONTROLLO

1 Congiuntivo imperfetto. Coniuga i seguenti verbi.

1. essere: _____

2. andare: _____

3. vedere: _____

4. dormire: _____

5. produrre: _____

6. dire: _____

7. bere: _____

2 Riflessioni sulle esperienze nelle vacanze. Completa le seguenti frasi con il congiuntivo imperfetto.

1. Alcuni avevano paura che i cavalli _____ (*farsi*) male durante il Palio.

2. Temevano però che senza il Palio non _____ (*venire*) più tanti turisti.

3. Tanti abitanti di Siena pensavano che la tradizione _____ (*potere*) salvare l'importanza della loro città.

4. Gli abitanti speravano che i turisti non _____ (*volere*) solo vedere il Palio, ma anche i monumenti di Siena.

5. Non mi piaceva che a Venezia la nave _____ (*attraversare*) la città.

6. Non credevo che il Comune di Venezia _____ (*potere*) accettare questa situazione anche per il futuro.

7. Ma molti abitanti di Venezia erano contenti che la gente _____ (*coltivare*) già da molto tempo la loro tradizione del Carnevale.

8. E anche ai turisti sembrava carino che le maschere del Carnevale _____ (*essere*) tradizionali.

9. Mi piaceva che molte persone _____ (*dire*) tanti aspetti positivi di questa festa.

10. Avevo paura che i giovani _____ (*bere*) troppo.

3 Che cosa dicono i turisti dopo il loro soggiorno a Venezia/a Siena? Scrivi le seguenti frasi con il congiuntivo passato nel tuo quaderno.

Credo che

Penso che

Mi stupisco che

1. Durante il Palio non c'è stato un incidente.
2. I turisti sono venuti da lontano per questo evento.
3. Molte persone hanno speso molti soldi per vedere il Palio.
4. I cavalli hanno fatto una bella corsa.
5. Il governo non ha abolito questo abuso degli animali.
6. A Venezia la nave da crociera ha spaventato i turisti.
7. Il Carnevale è piaciuto a molti stranieri.
8. Tanta gente è venuta a Venezia per vedere anche la famosa biennale.
9. L'atmosfera a Venezia è stata ancora molto positiva.
10. I turisti sono arrivati tutti in maschera.

1 Tradizione – benedizione o maledizione?

4 Lidia è in Germania per la prima volta e scrive un'e-mail alla sua amica Raffaella. Completa il testo con le seguenti congiunzioni, le forme corrette dei verbi e le preposizioni (articolate).

> prima che (2x)   benché (2x)   affinché

Ciao Raffy, come stai?

Ti scrivo _____ Magonza[1], una splendida città sul fiume Reno[2]. Ebbene sì, sono _____ Germania, per la prima volta _____ vacanza al Nord! _____ _____ (avere) paura _____ freddo, devo dire che le temperature sono abbastanza alte. Quando sono arrivata, _____ _____ (diventare) sera, ho fatto un giro _____ centro. C'è una bella vita qui, con molti ristoranti e posti _____ divertirsi la sera! _____ _____ (potere) conoscere davvero bene la città, il giorno successivo ho preso una guida turistica e _____ albergo siamo andati fino _____ chiesa di Santo Stefano. Questo fine settimana sono venuti _____ trovarmi anche i miei. _____ loro _____ (partire) vogliamo ancora visitare il museo dedicato _____ famoso Johannes Gutenberg. E _____ non ne _____ (avere) tanta voglia, mi sono iscritta _____ un corso di tedesco e _____ lunedì _____ giovedì devo andare a scuola... uffa...

Tu come stai? Dove sei di bello? Un abbraccio forte!

Lidia

[1] Magonza *Mainz* [2] il Reno *der Rhein*

5 Un gruppo di amici parla di una vacanza a Venezia. Cambia le loro frasi e usa i pronomi doppi.

1. Mi dai un po' del dolce veneziano? _____

2. Mi racconti ancora una volta la storia di Casanova? _____

   Ve ne parlo domani!

3. La prossima volta, ci mangeremo tutte le cose buone in vetrina. _____

4. Vi dico subito il nome della strada. _____

5. Stasera mando la foto a Franco. _____

2 AMPLIARE GLI ORIZZONTI

APPROCCIO

IL VOCABOLARIO

1 a Quali sono gli infiniti delle seguenti forme irregolari? Usa il dizionario per controllare le tue risposte.

condizionale presente

salirei	_____	porresti	_____	vedrebbe	_____
scieresti	_____	verremmo	_____	trarreste	_____
farebbero	_____	manterrebbero	_____	cadresti	_____
rimarremmo	_____	berrei	_____	saprei	_____

congiuntivo imperfetto

ponesse	_____	dessimo	_____	dicessi	_____
si sedessero	_____	stessimo	_____	producesse	_____
capissi	_____	valeste	_____	raccogliessimo	_____
paressero	_____	foste	_____	usciste	_____

b Scegli tre forme di 1a e usale per scrivere tre frasi nel periodo ipotetico II.

_____

_____

_____

COMPRENSIONE AUDITIVA

2 a Ascolta la conversazione tra Fabrizio, un ragazzo che vuole andare all'estero, e Claudia Draga dell'organizzazione "Informagiovani". Trova le risposte giuste.

1. Fabrizio vuole andare all'estero per
   a alcuni giorni.
   b qualche settimana.
   c sei mesi.

2. I ragazzi che frequentano i corsi dello Sprachcafé
   a studiano il tedesco per 15 ore a settimana.
   b studiano il tedesco per 17 ore a settimana.
   c studiano il tedesco per 20 ore a settimana.

3. Se Fabrizio va in Germania con lo Sprachcafé,
   a deve sempre mangiare fuori.
   b può avere anche pensione completa.
   c mangia in famiglia solo la sera.

4. Fabrizio non può partecipare a tutti i programmi perché
   a è troppo giovane.
   b non parla bene l'inglese.
   c sono troppo costosi.

5. Se Fabrizio fa "WWOOFing" deve
   a occuparsi di bambini.
   b lavorare in campagna.
   c spendere tanti soldi.

2 Ampliare gli orizzonti

b Ascolta ancora una volta e rintraccia due vantaggi e due svantaggi sia dello Sprachcafé che del programma WWOOFing.

Sprachcafé

⊕ _____

_____

_____

⊖ _____

_____

_____

WWOOFing

⊕ _____

_____

_____

⊖ _____

_____

_____

c Ora tocca a te: che cosa faresti al posto di Fabrizio e perché? Scrivi un commento per il blog "Compagni di viaggio" nel tuo quaderno.

LA LINGUA

Per ripassare il condizionale

3 Che cosa faresti con…? Scrivi delle frasi e usa il condizionale.

1. <u>Passerei tutta l'estate al mare in Italia.</u>
2. _____
3. _____
4. _____
5. _____
6. _____

Ampliare gli orizzonti

Il periodo ipotetico I

4 Pino, un ragazzo di 16 anni, vorrebbe avere un tablet come regalo per il suo compleanno. Leggi l'e-mail che ha scritto al suo amico Luca. Completa le sue frasi con le forme corrette dei verbi.

1. Se _____ (*andare*) tutto bene, i miei mi _____ (*comprare*) un tablet per il mio compleanno.

2. Se _____ (*avere*) un tablet solo per me, _____ (*essere*) più facile preparare i compiti per la scuola.

3. Se qualcuno della mia famiglia me lo _____ (*dare*), _____ (*leggere*) anche i testi più lunghi online.

4. Se lo _____ (*lasciare*) a scuola, _____ (*dovere*) trovare un posto sicuro.

5 Riccardo e Loredana vogliono organizzare un viaggio attraverso l'Europa. Completa il loro dialogo con le forme verbali, le preposizioni (articolate) e ci o ne. Aggettivo o avverbio?

| onesto   comodo (2 x)   veloce   nocivo   buono |

R: Se _____ (*prendere*, noi) il treno, _____ (*potere*) viaggiare _____ attraverso tutta l'Europa.

L: _____ non credo che il treno sia il mezzo più _____.

Se _____ (*prendere*) l'aereo, _____ (*spostarsi*) più _____ di città in città.

R: Ma se _____ (*dovere*, tu) andare tutte le volte _____ aeroporto _____ centro città, _____ (*perdere*) un sacco di tempo. E la cosa più importante: andare _____ aereo è un modo di viaggiare molto _____ per l'ambiente.

L: Tu lo sai che i treni sono spesso _____ ritardo!

R: Dai, con il treno si viaggia quasi sempre _____. Potremmo prima prendere il treno, e alla fine _____ tornare in Italia prendiamo l'aereo. Che _____ dici?

L: D'accordo, facciamo così! Secondo te passiamo anche _____ Amsterdam?

R: Certo, _____ possiamo fermare anche _____ qualche giorno!

ESPRESSIONE ORALE

6 Fate il tandem di p. 68.

2A NOI NEL MONDO – RADIO PER RAGAZZI

COMPRENSIONE LETTURA

1 a Ecco il blog sul sito di "Noi nel mondo", radio per ragazzi. Leggi il testo di Ambra.

NOINELMONDO
RADIO PER RAGAZZI

Ambra Costi

Ciao a tutti!

Dato che nel programma di ieri abbiamo parlato di attività online e non c'era abbastanza tempo per presentarvi meglio i miei video, ve ne scrivo qui. Ultimamente ho cercato nuove attività da fare a casa, come altri dei miei amici, credo. E così ho scoperto le sfide[1] di ballo online. Ballare mi piace già
5 da sempre e avevo già fatto un corso di danza moderna qualche anno fa, ma adesso ho cominciato a ballare proprio tutti i giorni sulle mie canzoni preferite. Poi ho scoperto che su Internet ci sono moltissimi tutorial per imparare nuove coreografie, alcuni con milioni di visualizzazioni[2]! Ci sono ragazze bravissime (a dire la verità anche ragazzi bravissimi, ma io guardo
10 soprattutto i video delle ragazze, perché mi piace anche vedere quali vestiti si mettono) che ti insegnano anche passi davvero difficili. Sanno spiegare molto bene e ci si diverte un sacco! Ci sono coreografie un po' per tutti i tipi di musica, per le canzoni più famose dell'anno, ma per esempio anche per delle canzoni rap che non tutti conoscono. Mi sono allenata nella mia stanza e man mano ho cominciato a inventare anch'io delle coreografie, ogni tanto con delle idee un po' divertenti e con
15 dei vestiti particolari! Cerco di postare almeno un video la settimana. Ballo anche insieme a un'amica. Ci siamo inventate alcune coreografie che si possono dire addirittura acrobatiche! Però bisogna fare un po' attenzione quando si imposta[3] l'account – io per esempio ho creato un account privato solo per amici o comunque persone di cui mi fido. Anche perché se impostassi un account aperto a tutti, i miei non mi permetterebbero di continuare. Fino ad adesso funziona molto bene e non ho avuto
20 problemi con le persone che mi seguono dato che li posso scegliere io e che sono tutti appassionati della danza e della musica. Prendete lo smartphone e mettetevi a ballare, ragazzi!

[1] la sfida *die Herausforderung*; [2] la visualizzazione *die Ansicht*; [3] impostare *anlegen, einstellen*

b Cerca le informazioni delle seguenti frasi nel testo di **1a** e indica la riga / le righe. Decidi se le seguenti affermazioni sono corrette o sbagliate. Se sono sbagliate correggile. Scrivi le frasi corrette nel tuo quaderno.

	corretto	sbagliato	riga
1. Ambra ha cercato nuove attività da fare fuori casa.	☐	☐	_____
2. Ambra ha cominciato a ballare tutti i giorni.	☐	☐	_____
3. Le coreografie nei video non sono tutte facili.	☐	☐	_____
4. Ambra posta un video ogni due settimane.	☐	☐	_____
5. Ambra balla sempre da sola.	☐	☐	_____
6. L'account di Ambra non è aperto a tutti.	☐	☐	_____

Ampliare gli orizzonti

COMPRENSIONE AUDITIVA

2 a Ascolta la puntata di "Noi nel mondo". Guarda le immagini e mettile nell'ordine in cui ne parlano i ragazzi.

b Ascolta ancora una volta e prendi appunti riguardo ai seguenti aspetti.

persona   progetto   problema

c Dai un consiglio a ognuno dei ragazzi.
Scrivi frasi complete nel tuo quaderno.

Caro/-a _____, al tuo posto…

LA LINGUA

Il vocabolario

3 Ad Anna piace cucinare. Ha cominciato a girare dei video con delle ricette[1] che ha creato lei e ne scrive a un'amica. Abbina le espressioni **A** alle espressioni **B**. Forma delle frasi intere usando le seguenti congiunzioni.

[1] la ricetta *das Rezept*

| se | perché | mentre | siccome | quando | visto che |

A
produrre video esplicativi
scegliere sempre piatti semplici
arrivare i primi commenti incoraggianti
a casa *poter* invitare solo poche persone
non *poter* più farne a meno
non *andare* mica online solo per *distrarsi*

B
→ *divertirsi* così tanto
→ *impararci* tante cose
→ tanta gente *conoscere* le mie ricette
→ la gente non *metterci* tanto tempo a cucinare
→ *continuare* a postare altri filmati
→ in rete *raggiungere* tanti amici

1. _____
2. _____
3. _____
4. _____
5. _____
6. _____

Il periodo ipotetico II

4 Sul blog "Compagni di viaggio" alcuni ragazzi raccontano delle loro esperienze all'estero. Inserisci la forma corretta dei verbi e usa il congiuntivo imperfetto o il condizionale presente. ▶ Riassunto 2

MAURO (23 anni): Sono in Norvegia per fare esperienza pratica in un'azienda che sviluppa una nuova app per viaggiatori. Se non _____ (*fare*) così freddo, _____ (*restare*) qui per altri tre mesi. Mi manca il sole. Però mi piace il lavoro. E se non _____ (*essere*) così lontano da casa e se non _____ (*avere*) una ragazza a Torino, _____ (*essere*) un posto in cui mi piacerebbe vivere.

FLAVIA (18 anni): Sto facendo la ragazza alla pari in Francia. Se non _____ (*avere*) una sorella piccola, non _____ (*sapere*) proprio come fare. Qui a Parigi mi devo occupare di due bambini (3 e 6 anni). Se la mia famiglia ospitante non mi _____ (*offrire*) sempre delle specialità francesi (alcune fanno davvero schifo!), mi _____ (*sentire*) proprio a casa. Però mi _____ (*mancare*) i miei, se non _____ (*avere, noi*) la possibilità di vederci online quasi ogni giorno.

CHIARA (20 anni) & PINO (21 anni): Ciao a tutti! Siamo due studenti universitari e al momento stiamo a Vienna con il programma Erasmus. Se _____ (*avere*) più tempo, _____ (*visitare*) tutte le cose da vedere che ci sono, ma purtroppo siamo molto impegnati. L'Erasmus ci piace tanto. Se _____ (*essere, voi*) in Austria, _____ (*potere, noi*) incontrarci. Qui a Vienna abbiamo fatto amicizia con ragazzi di tutto il mondo. Se _____ (*potere*) darci appuntamento con gli altri studenti sui social media, _____ (*essere*) sicuramente più difficile conoscere gente nuova. Con questa possibilità è molto facile però.

Il trapassato prossimo

5 In un forum di viaggiatori Giovanni racconta delle sue esperienze in India. Inserisci la forma corretta dei verbi. Attenzione ai tempi (trapassato prossimo o passato prossimo). ▶ Riassunto 2

Un mese fa _____ (partire, io) per l'India. Prima di andarci _____ (organizzare) tutto molto bene. _____ (informarsi) sulle cose da vedere, ma anche sul cibo e sul clima. _____ (comprare) della medicina e _____ (fare) domanda per un visto[1]. Dopo che io e la mia ragazza _____ (arrivare) a Mumbai in aereo, _____ (prendere) un taxi e _____ (cercare) il nostro albergo. Non _____ (essere) facile trovarlo con quel traffico! Dopo che _____ (rilassarsi), _____ (visitare) il museo Mani Bhavan Gandhi. Poi _____ (mangiare) dei piatti tipici. Visto che _____ (leggere, noi) tanti libri sulla cucina indiana prima della partenza, _____ (stare) bene quasi tutto il tempo. Un nostro amico però _____ (tornare) prima per problemi di salute. Noi invece non _____ (avere) problemi e dopo il viaggio _____ (arrivare) a casa molto contenti.

[1] il visto *das Visum*

ESPRESSIONE SCRITTA

6 Leggi il messaggio che ti ha scritto Anna, un'amica italiana. Scrivi una risposta.

> La mia famiglia vuole lasciare l'Italia per due anni. I miei genitori mi hanno chiesto se va bene per me. Vogliono andare in Germania. Non so cosa dire. Tutti i miei amici stanno qui a Napoli. Va bene, tutti a parte te. Mi abituerò alla Germania? Ho paura e penso che sarò triste e che mi mancherà il mio paese. Che cosa ne pensi? Un abbraccio, Anna

Ecco alcune idee che ti possono aiutare:
- Scrivi qualcosa per darle coraggio.
- Scrivi dei vantaggi della vita in un altro paese.
- Aggiungi delle cose che non cambieranno.
- Scrivi quali possibilità ci sarebbero di comunicare con gli amici in Italia (creare un blog e raccontare della nuova vita, girare dei video ecc.).

Ciao Anna,

2 Ampliare gli orizzonti

MEDIAZIONE

7 Una tua amica vorrebbe partecipare a un progetto dell'associazione "Lunaria". Ha trovato il seguente testo in Internet. Ti chiede di aiutarla perché non sa bene l'italiano. Rispondi in tedesco alle sue domande.
▶ Sprachmittlung, p. 145

1 Was steht denn da noch über den Verein?

2 Was hat Alessandra während ihres Aufenthaltes gemacht?

3 Warum hat sie lange Kleider angezogen?

VOLONTARIATO INTERNAZIONALE — AFRICA | AMERICA | ASIA | EUROPA | OCEANIA

Un'esperienza indimenticabile in Uganda

Ho fatto un'esperienza di volontariato presso l'associazione "Lunaria" che ogni anno manda circa 400 volontari all'estero e porta volontari stranieri in Italia. All'inizio mi ero informata bene sulle varie
5 possibilità. Ci sono progetti che si occupano della ricostruzione di monumenti, della protezione dell'ambiente, della difesa del patrimonio culturale[1] e dell'impegno sociale. Visto che avevo già fatto esperienze di volontariato in Europa ho deciso di
10 andare in Africa, più precisamente in Uganda. Ho dormito in una stanza molto semplice con sei altri volontari. Faceva molto caldo ma nonostante ciò noi ragazze ci mettevamo vestiti lunghi per non attirare troppa attenzione. Questo aspetto non mi è piaciuto,
15 ma almeno così potevamo anche proteggerci dagli insetti. Kiboga è una zona molto povera dell'Uganda e la vita lì non è facile, soprattutto per le donne. Molte donne non partecipano alla vita sociale, politica ed economica. Per questo la promozione delle pari opportunità[1] era uno dei nostri
20 obiettivi. Siamo andati nelle scuole per informare del ruolo importante delle donne e abbiamo organizzato incontri nelle comunità di Kiboga. Tutto sommato il volontariato è stato un'esperienza che non dimenticherò mai, soprattutto perché ero in contatto con la gente in Uganda. Il lavoro ha ampliato il mio orizzonte e nonostante le condizioni semplici in Uganda sono tornata molto soddisfatta.

Alessandra Pecci

[1] il patrimonio culturale *das Kulturerbe* [2] le pari opportunità *die Gleichberechtigung*

22 ventidue

2B VIVERE ALLA TEDESCA

COMPRENSIONE LETTURA

1 Leggi il testo alle pp. 37–38 del tuo libro. Poi fai una rete di parole riguardo ai seguenti aspetti.

la Germania

- i tedeschi
- il tempo
- la scuola
- il mare del Nord

LA LINGUA

Per ripassare le forme dei verbi

2 Giuseppe racconta la storia di suo zio Mario. Inserisci le forme corrette dei verbi. Attenzione ai tempi (passato prossimo e trapassato prossimo).

Dopo che _____ (*trovare*) un posto di lavoro in Germania, mio zio Mario _____ (*lasciare*) l'Italia. Quando _____ (*arrivare*) alla stazione, _____ (*fare*) amicizia con altri emigranti. Prima _____ (*diventare*) cuoco. Poi _____ (*aprire*) la sua pizzeria a Monaco. Quando _____ (*venire*) al ristorante una ragazza bellissima, mio zio _____ (*volere*) subito stare con lei. Dopo che _____ (*sposare*) la ragazza, _____ (*decidere*) di rimanere in Germania per sempre.

3 In un'e-mail a un'amica / un amico racconti della tua festa di compleanno e di come l'hai preparata. Scrivi un breve testo. Usa il passato prossimo e il trapassato prossimo.

4 Francesca è triste perché sua cugina Veronica è già partita e non l'ha più vista. Scrive un messaggio a sua zia in Germania. Completa il testo con le preposizioni (articolate), i pronomi possessivi e le forme corrette dei verbi. Presente, passato prossimo o futuro? Congiuntivo o indicativo?

Come mi dispiace che ieri sera non _____ (*tornare*, io) in tempo _____ dire "addio" a Veronica. Adesso _____ (*tornare*, lei) _____ Germania e non la _____ (*vedere*, io) fino _____ prossima estate. _____ madre mi ha detto sempre: La cosa più importante è che l'inverno _____ (*passare*) velocemente e ci _____ (*fare*) rivedere la _____ famiglia. Infatti non è facile vivere _____ due paesi. Sebbene _____ (*avere*, sempre) la possibilità di incontrarvi, _____ mia madre _____ (*mancare*) tantissimo _____ sorelle! Che pensi? Credi che Veronica _____ (*arrivare*, già)? Il _____ telefono non è ancora raggiungibile. _____ (*cercare*, io) di chiamarla fra mezz'ora!

ventitré 23

2 Ampliare gli orizzonti

Il vocabolario

5 Inserisci le seguenti congiunzioni nella tabella.

> allora   da una parte… dall'altra…   dato che   dopo che   e   in confronto a   inoltre   ma
> né… né   mentre   o   perché   perciò   poiché   prima che   però   quando
> quindi   siccome   visto che   dunque   sia… che

contrasto (Gegensatz)	enumerazione (Aufzählung)	tempo (Zeit)	causa (Grund)	conclusione (Schlussfolgerung)

6 a Durante il suo stage in Germania Alberto scrive un diario. Ecco alcuni dei suoi appunti. Usa alcune delle congiunzioni dell'esercizio 5 per formare delle frasi. Forma ogni frase con una congiunzione diversa.

1. *arrivare* a Francoforte – *trovarsi* subito bene

2. *conoscere* tanta gente – non *sentirsi* solo

3. in Italia *stare* spesso a casa la sera – qui *uscire* tanto

4. *ascoltare* "Radio Lora" in Germania – *sentire* la lingua italiana anche qua

5. *volere* rimanere a Francoforte – *mancare* l'Italia

b Continua il diario di Alberto. Scrivi altre tre frasi e usa sempre le congiunzioni dell'esercizio 5.

MEDIAZIONE

7 Un tuo amico italiano vorrebbe passare un anno in Germania e impegnarsi in un'attività sociale. Ha trovato il sito di un'associazione e ti chiede aiuto. Scrivigli un'e-mail in italiano e rispondi alle sue domande.
▶ Sprachmittlung, p. 145

Ciao! Avrei bisogno del tuo aiuto! Mi sai dire che cos'è esattamente "BKJB"? Quali attività potrei fare durante il volontariato? Che cosa richiedono per la partecipazione? Cosa devo fare se il progetto mi piace? E come posso trovare altre informazioni sul volontariato? Grazie mille in anticipo!

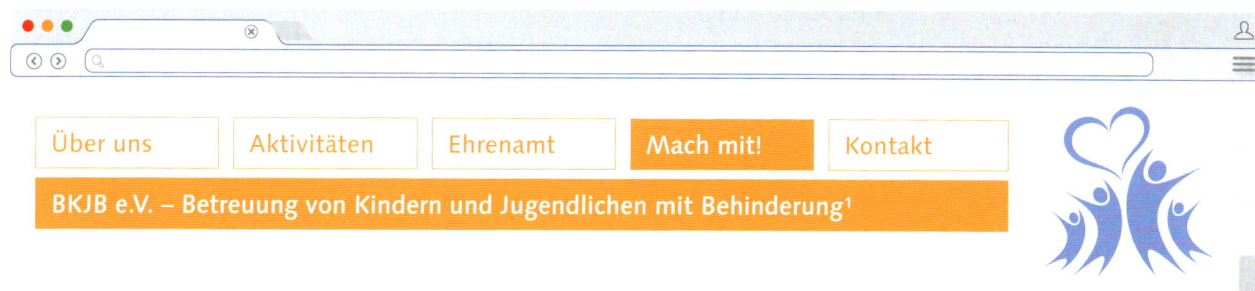

| Über uns | Aktivitäten | Ehrenamt | **Mach mit!** | Kontakt |

BKJB e.V. – Betreuung von Kindern und Jugendlichen mit Behinderung[1]

Über die Organisation:
Der Verein BKJB unterstützt Kinder und Jugendliche mit Behinderung und deren Angehörige.

Über das Projekt:
Im Rahmen unseres Projekts wollen wir freiwillige Helferinnen und Helfer an Familien vermitteln, die ein behindertes Kind haben. Unsere Volontäre können eine Familie unterstützen, indem sie regelmäßig Zeit mit dem Kind verbringen. Dies kann am Morgen, am Nachmittag, am Wochenende oder während der
5 Ferien sein und wird mit der jeweiligen Familie abgesprochen. Es wäre ideal, wenn unsere Volontäre über längere Zeit verfügbar wären, damit eine enge Beziehung zwischen den Betreuern und den Kindern entstehen kann. Helferinnen und Helfer werden von uns in einem kostenlosen Workshop über den Verein und das Volontariat informiert.

Wie kann ich helfen?
Was die Freizeitgestaltung für die Kinder und die Jugendlichen mit Behinderung anbelangt, ist deine
10 Kreativität gefragt! Je nach den Bedürfnissen der Kinder kannst du zum Beispiel Ausflüge mit ihnen machen, musizieren, lesen, schwimmen gehen oder Spiele spielen. Grundsätzlich ist auch die Teilnahme an einer „internationalen Jugendbegegnung für alle" im Ausland möglich.

Welche Sprachkenntnisse werden verlangt?
Deutsch- oder Englischkenntnisse sind von Vorteil.

Was sind die Voraussetzungen?
Ein großes Herz und die Bereitschaft, ein behindertes Kind dauerhaft zu unterstützen. Du musst 16 Jahre
15 alt sein, um Volontär/in zu werden. Bei Interesse schickst du uns einfach deine Bewerbung und eine Kopie deines Ausweises zu.

Wie kann ich mich weiter informieren?
Auf dieser Website findest du unter „Ehrenamt" noch mehr Informationen über das Volontariat (Aufwandsentschädigung, Einsatzorte in Deutschland, Versicherung etc.).

---

[1] mit Behinderung *diversamente abile*

2 Ampliare gli orizzonti

Officina di scrittura

1 Il tuo amico Claudio ha scritto una lettera di presentazione per un volontariato. Guarda le seguenti parti di una lettera formale. Sotto vedi una lettera vuota. Inserisci i numeri delle parti al posto giusto.

▶ Eine Bewerbung schreiben, pp. 139–140

> Prima di finire la tua lettera di presentazione devi controllare:
> – l'ortografia
> – la grammatica (sostantivi, aggettivi, articoli)
> – i verbi (tempo, persona)
> Puoi migliorare il tuo stile se usi avverbi e aggettivi. Evita parole colloquiali!

1 Gentili signore e signori

2 Gruppo Archeologico Torinese
Via Santa Maria 6/E
10122 Torino
+39 388 8004094
segretaria@archeogat.it

3 Torino, 13 maggio 2017

4 Claudio Marchi
Via Nichelino 12
10135 Torino
+39 388 764592
claudio.marchi@yahoo.it

5 Oggetto: La Vs. offerta di volontariato sul sito Internet www.archeogat.it

6 sono uno studente del liceo classico "V. Gioberti" a Torino dove sto frequentando un corso sulla lingua e sulla civiltà dell'antica Grecia.
Sul Vostro sito Internet ho letto l'annuncio per un'offerta di volontariato per studenti che s'interessano dell'archeologia e del passato dell'uomo.
Mi piacerebbe molto fare un volontariato e occuparmi dei beni storici e artistici italiani. Inoltre sarebbe bello conoscere ragazzi da tutto il mondo per condividere il fascino dell'archeologia.
Ho già partecipato a una conferenza sulla cultura antica e ho frequentato il corso "scoprire l'archeologia". Parlo italiano (madrelingua) e inglese (a livello scolastico). Inoltre studio il latino.
Sono una persona aperta e mi piace lavorare insieme ad altre persone. Sono sicuro di essere in grado di fare un lavoro molto soddisfacente durante il volontariato. Lavorerò con entusiasmo e mi piacerebbe tanto partecipare a seminari per approfondire le mie conoscenze storiche.

7 In attesa di una Vostra cortese risposta, Vi porgo i miei più cordiali saluti.

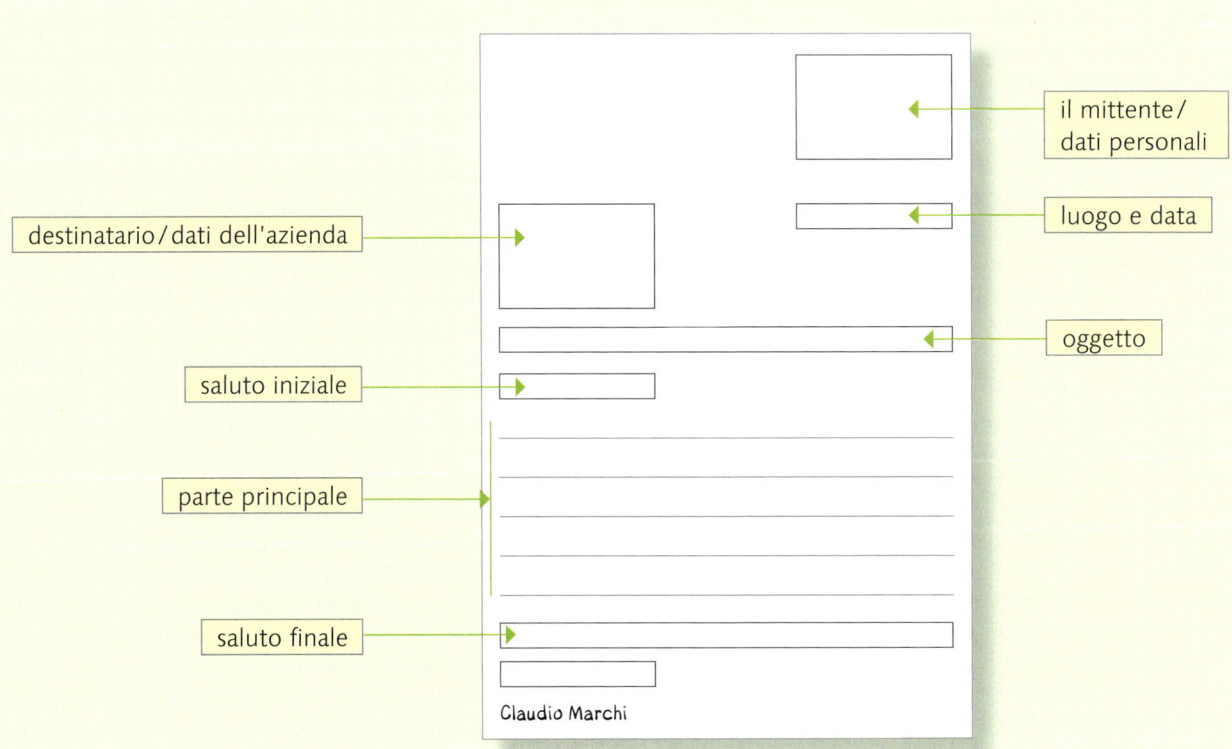

destinatario/dati dell'azienda
saluto iniziale
parte principale
saluto finale

il mittente/dati personali
luogo e data
oggetto

Claudio Marchi

Ampliare gli orizzonti

2 a Michaela, una tua amica tedesca, vorrebbe fare un volontariato in Italia. Ecco la lettera di presentazione che vuole mandare all'associazione "Projects-abroad". Michaela non è molto brava in italiano e non sa come si scrive una lettera formale. Correggi gli errori che fa (la seguente lista ti aiuta a trovarli). Se non sei sicuro/-a, consulta un dizionario.

- Trova e sottolinea gli errori ortografici.
- Trova e sottolinea i verbi che non sono coniugati in modo corretto.
- Segna tre frasi in cui si potrebbe migliorare lo stile usando una congiunzione.
- Segna le parole colloquiali e le frasi in cui si dovrebbe usare la forma di cortesia.

> Ciao!
>
> Ti scrivo perché vorrei fare un volontariato a Reggio Calabria per due settimane.
>
> Sono una studentessa tedesca e vorresti aiutare immigranti in Italia. Sul tuo sito www.projects-abroad.it hai scritto che cerchi ragazzi da tutto il mondo che vuole
> 5 assistere migranti e rifugiati.
>
> Sono competente. Ho già dato lezioni di tedesco a immigranti a Francoforte.
>
> Parlo tedesco (madre lingua) e inglese. Posso communicare con ragazzi da altri paesi. Mi piacereste aiutare gli immigranti a integrarsi. Sarebbe bello organizzare workshop culturali e assistere lo staff calabrese.
> 10 Il progetto è grande! Sono la persona giusta per il tuo volontariato.
>
> Tanti cari saluti,
>
> Michaela

b Riscrivi il testo di Michaela nel tuo quaderno. Correggi gli errori. Puoi usare le espressioni della lettera di Claudio dell'esercizio 1.

3 Creare un volantino. Come sapete ci sono molti italiani in Germania. Alcune istituzioni aiutano gli italiani a rimanere in contatto con la lingua e la cultura italiana. Fate un volantino pubblicitario[1] per informare gli emigranti su una delle seguenti istituzioni.

[1] il volantino pubblicitario *der Werbeflyer*

a Mettetevi in gruppi di quattro. Scegliete una delle seguenti istituzioni:

- Radio Lora (l'ora italiana)
- "onde". Die Deutsch-Italienische Studenteninitiative
- Istituto Italiano di Cultura
- Deutsch-Italienischer Stammtisch (tavolo fisso)

b Fate delle ricerche su Internet. I tavoli fissi e gli Istituti di Cultura ci sono spesso nelle grandi città. Cercate quelli che si trovano vicino a casa vostra. Informatevi sul tipo di istituzione (luogo, date, funzione).

c Scrivete un testo per un volantino. Trovate uno slogan, una foto/un'immagine e fate pubblicità per l'istituzione.

Ampliare gli orizzonti

Angolo di lettura

Il treno degli emigranti

Non è grossa, non è pesante
la valigia dell'emigrante…
C'è un po' di terra del mio villaggio,
per non restare solo in viaggio…
5 un vestito, un pane, un frutto,
e questo è tutto.
Ma il cuore no, non l'ho portato:
nella valigia non c'è entrato.
Troppa pena aveva a partire,
10 oltre il mare non vuol venire.
Lui resta, fedele come un cane,
nella terra che non mi dà pane:
un piccolo campo, proprio lassù…
Ma il treno corre: non si vede più.

Fonte: für die Print-Ausgabe: Gianni Rodari: "Il treno degli emigranti". Da: Filastrocche in cielo e in terra. © 1980, Maria Ferretti Rodari and Paola Rodari, Italy © 1991, Edizioni EL S.r.l., Trieste Italy. Für die elektronische Ausgabe: Copyright © 1980, The Estate of Gianni Rodari. This edition published in agreement with Piergiorgio Nicolazzini Literary Agency (PNLA)

2 la valigia *der Koffer*; 7 il cuore *das Herz*; 10 oltre *hier: jenseits, über*

Filastrocca del viaggio

Viaggio all'andata, viaggio al ritorno
Giorno di notte, notte di giorno
Il tempo gira all'incontrario
Non c'è più sonno, non c'è più orario
5 Non c'è più sonno, ma c'è più fame
Casa è lontana, senti il legame
Il mondo è grande, ma non sei solo
Anche il coraggio ti segue in volo
Bello partire, bello arrivare
10 Ma soprattutto, bello viaggiare.

Fonte: Sabrina Giarratana: Filastrocca del viaggio. © 2017 Giunti Editore S.p.A., Firenze-Milano. www.giunti.it

4 il sonno *die Müdigkeit, der Schlaf*; 6 il legame *die (Ver)bindung*

Una filastrocca è un genere poetico antico: le filastrocche si recitavano ad alta voce e si ripetevano sempre. Perciò esiste spesso più di una versione.
Il contenuto di una filastrocca non segue sempre la logica. Le sue caratteristiche formali sono:
– versi brevi con rime facili o con assonanze;
– un ritmo musicale, la ripetizione delle parole e il gioco con il suono delle parole.
Di solito le filastrocche hanno una funzione pratica nella vita quotidiana, per esempio giocare, raccontare, insegnare ecc. Spesso si usano nei giochi dei bambini.

---

1 Leggi le due filastrocche. Quale delle seguenti frasi ne descrive meglio l'atmosfera? Scegli una frase per ogni filastrocca.

a Viaggiare può essere una cosa triste.
b Viaggiare è un'avventura.
c Il fatto di essere in viaggio è la cosa più importante.
d Il ritorno è la cosa più bella di un viaggio.
e Non si può portare con sé tutte le cose importanti.
f Viaggiare mi fa sentire molto solo/-a.
g È necessario partire, ma preferirei restare.
h Tutto è diverso quando si è in viaggio.

2 Leggi la definizione del genere della filastrocca. Rintraccia tre esempi per le caratteristiche formali in ogni filastrocca e sottolineale.

3 Se tu lasciassi il tuo paese o la tua città per vivere in un altro posto, quali sarebbero le tre cose più importanti che porteresti con te? Motiva la tua risposta.

AUTOCONTROLLO

1 Contrasti. Trova gli antonimi delle parole.

1. vietare _____
2. facile _____
3. non vedere _____
4. deluso/-a _____
5. assomigliare _____
6. dopo che _____
7. il sole _____
8. partire _____
9. concentrato/-a _____
10. la domanda _____

2 Ripassa le forme di congiuntivo imperfetto e di condizionale.

infinito	congiuntivo imperfetto	condizionale
raccogliere / io	_____	_____
venire / tu	_____	_____
tradurre / lui	_____	_____
proporre / noi	_____	_____
cadere / voi	_____	_____
bere / loro	_____	_____
mantenere / io	_____	_____

3 Simona, una studentessa italiana, si trova a Potsdam per uno scambio scolastico e scrive un'e-mail ai suoi. Completa il testo con le forme corrette dei verbi, *cui* o *che* e gli articoli.

Ciao Mamma, ciao Papà!

Ormai è _____ settimana che abito in questa nuova città, _____ mi trovo abbastanza bene. _____ compagni di scuola (_____ spesso non capisco!!) sono molto simpatici, e _____ mia vicina di banco, _____ vi ho parlato al telefono, è davvero _____ grande amica. Se _____ (*riuscire*) a imparare bene _____ tedesco, vi _____ (*promettere*) che andrò a lavorare qui in Germania. Domani _____ (*andare*, noi) a fare una gita a Berlino, se il tempo _____ (*essere*) bello, altrimenti la _____ (*fare*) il prossimo weekend. _____ capitale mi interessa davvero tanto, non vedo _____ ora di vedere _____ porta di Brandeburgo, _____ voglio assolutamente fotografare. Se mi _____ (*rimanere*) del tempo,

2 Ampliare gli orizzonti

_____ (volere) andare a vedere _____ università, _____ sono usciti grandi nomi. Voi come state? Se _____ (potere), venite a trovarmi! La casa _____ vivo è abbastanza grande e _____ mia famiglia avrebbe _____ stanza in più _____ vi può dare tranquillamente. Scrivetemi, aspetto vostre notizie.

Un abbraccio forte, Simona

4 Il periodo ipotetico II. Completa le seguenti frasi con le forme verbali corrette.

1. Se tu _____ (andare) all'estero, quale paese _____ (scegliere)?
2. Se io non _____ (stare) da una famiglia ospitante, _____ (spendere) molto di più.
3. Se Laura non _____ (sentirsi) sola, non _____ (tornare) a casa.
4. Se ne _____ (valere) la pena, _____ (comprare, io) un biglietto per il concerto.
5. Se noi _____ (sapere) cucinare, _____ (fare) una cena fantastica per tutti i nuovi amici.
6. Se _____ (volere, voi) andare in India, _____ (dovere) avere un visto.
7. Se gli studenti tedeschi _____ (imparare) tutti l'italiano, _____ (potere) passare un anno in Italia senza problemi.
8. Se Luigi non _____ (essere) così pigro, _____ (farcela) a passare l'esame.

5 Alessandro è in vacanza a Roma e scrive un'e-mail alla nonna. Completa con le forme corrette del passato prossimo e del trapassato prossimo.

Ciao Nonna!

Come stai? Oggi ti racconto qualcosa delle mie vacanze a Roma! Il primo giorno _____ (arrivare) tardi alla stazione: il treno _____ (partire, già) da dieci minuti. _____ (prendere) il treno successivo. Ieri _____ (visitare) il Colosseo: ero a Roma da tre giorni, ma ancora non lo _____ (vedere). E oggi pomeriggio io e la mia amica Laura _____ (decidere) di andare a vedere un film, ma quando _____ (arrivare) al cinema, _____ (cominciare, già) da cinque minuti. La mia amica _____ (volere) prendere l'autobus, anche se i nostri amici ci _____ (dire) che c'era molto traffico. Adesso infatti siamo fermi, ma almeno ho il tempo di scriverti questa cartolina.

Ti abbraccio forte, a presto. Tuo Alessandro

3 LE SFIDE ALLA SOCIETÀ

APPROCCIO

COMPRENSIONE AUDITIVA

1 a Ascolta il programma alla radio. Guarda i due volantini.[1] Quale riassume il tema principale del programma?

[1] il volantino *der Flyer*

b Ascolta ancora una volta e indica quali delle seguenti informazioni si sentono nel programma.

1. a 1960
   b 1967
   c 1970
2. a 182 paesi
   b più di 190 paesi
   c 192 paesi
3. a 2011
   b 2012
   c 2013
4. a bambini a partire dai 5 anni
   b bambini a partire dai 6 anni
   c bambini a partire dai 7 anni

c Dove lavora Antonella e di quale problema si occupa?

_____

_____

LA LINGUA

Il vocabolario

2 a Abbina in modo corretto.

Il mare intorno all'Italia	1	a di rispettare la natura e le tradizioni regionali.
Un borgo	2	b se non è facile trovare soluzioni per un problema.
La cifra degli abitanti di una città aumenta	3	c quando molte persone vanno a vivere lì.
Il turismo sostenibile cerca	4	d si chiama "il Mediterraneo".
Si parla di sfida	5	e è un paese piccolo o di medie dimensioni.

3 Le sfide alla società

b Spiega i seguenti vocaboli con le tue parole. ▶ Testi, pp. 52–53

> tossico/-a   il turismo di massa   efficace   proibito/-a   il punto panoramico

1. _____
2. _____
3. _____
4. _____
5. _____

3 Il sindaco di Ischia risponde alla domanda di un giornalista. Completa il testo con le seguenti espressioni.

> il fatto è che   al punto che   ciò riguarda   è chiaro che   da anni

Nell'estate 2017 c'è stato un terremoto a Ischia. _____ _____ molte case sono crollate perché sono state costruite male. Purtroppo _____ molte città italiane, _____ non si è più sicuri. Questo è un problema che va avanti _____. Per tutti noi _____ la politica della regione non è interessata a trovare una vera soluzione.

ESPRESSIONE SCRITTA

4 Mario, un ragazzo siciliano, vuole raccontare della sua regione su un giornale di studenti. Guarda le foto che Mario ha scelto e scrivi il testo. ▶ Per comunicare, p. 185

1. la Valle dei Templi, la cultura di tanti secoli fa
2. Palermo, il mercato della Vucciria
3. turisti in gita sull'Etna
4. l'inquinamento ambientale

_____
_____
_____
_____
_____

3A TRE SETTIMANE AD AMATRICE

COMPRENSIONE LETTURA

1 Nel tuo quaderno fa' una rete di parole riguardo agli eventi ad Amatrice e alle emozioni di Giuseppe.
▶ Testo, pp. 54–55   ▶ Wortschatz lernen, pp. 124–125

LA LINGUA

Il vocabolario

2 Leonardo ha passato una brutta giornata, Emilia invece una bella giornata. Che cosa dicono?
Abbina le espressioni a destra alle immagini. Poi aggiungi tre espressioni per ogni immagine.

☐ Era agghiacciante!

☐ Mitico!   ☐ Che orrore!

☐ È tremendo!

☐ Davvero meraviglioso!

☐ Che giornata splendida!

_____

_____

_____

Per ripassare il condizionale semplice

3 a Individua le forme del condizionale semplice, del futuro semplice e dei participi. Completa la tabella.
Poi scrivi gli infiniti di tutti i verbi nel tuo quaderno.

| valso   venderei   si siederanno   tolto   berresti   direbbero   detto   vivremo |
| seduto   avremo   saputo   raccogliereste   capito   sarai   uscirei   studierà |
| terrà   daremmo   cadrete   piaciuto   parrebbe |

condizionale semplice   futuro semplice   participio

_____   _____   _____

_____   _____   _____

_____   _____   _____

_____   _____   _____

_____   _____   _____

3 Le sfide alla società

b Scegli tre forme dell'esercizio 3a e usale per scrivere tre frasi.

1. _____
2. _____
3. _____

4 Elena telefona a suo cugino Claudio e gli dice che cosa vorrebbe fare durante le vacanze. Inserisci le forme corrette del condizionale semplice.

_____ (*volere*, io) fare un viaggio, ma non so ancora dove. In realtà _____ (*dovere*) essere un viaggio particolare, in un paese poco conosciuto, dove _____ (*potere*) scoprire tante cose. Magari _____ (*venire*) con me anche i miei genitori che mi dicono sempre: non _____ (*potere*, noi) mai e poi mai lasciarti da sola! E tu, che cosa _____ (*rispondere*)? In quel caso non _____ (*potere*) venire anche voi, tu e gli zii?

Esprimere condizioni irreali al passato

5 a Completa la tabella con il congiuntivo trapassato e il condizionale passato dei seguenti verbi. Poi scrivine l'infinito. ▶ Riassunto 3

| trovo | ti occupi | si esprime | raggiungiamo | dormite | mantengono |

congiuntivo trapassato	condizionale passato	infinito
_____	_____	_____
_____	_____	_____
_____	_____	_____
_____	_____	_____
_____	_____	_____
_____	_____	_____

b Un ragazzo dell'Aquila parla del terremoto sul suo blog. Completa il testo con le forme corrette del congiuntivo trapassato e del condizionale passato.

Pensieri e parole

ATTUALITÀ   POESIE   RACCONTI   ARCHIVIO

La catastrofe dell'Aquila: dobbiamo parlare di prevenzione!

Se il terremoto all'Aquila non _____ (*continuare*) dal 2008 al 2012, non _____ (*avere*) delle conseguenze così gravi. Sicuramente nessuno poteva immaginarsi una catastrofe del genere, ma se la regione _____ (*preparare*) tutto il necessario per un caso di emergenza, noi non _____ (*soffrire*) così tanto. Innanzitutto ci sono i soliti problemi delle costruzioni: se i responsabili _____ (*costruire*) delle case in grado di reggere ai sismi, gli edifici non _____ (*crollare*) così facilmente e non _____ (*esserci*) tutte queste vittime! E se lo stato _____ (*impegnarsi*) di più ad aiutare le vittime, le persone non _____ (*rimanere*) per mesi nelle tende. Purtroppo però un terremoto è un'esperienza talmente forte ed estrema, anche se lo _____ (*sapere*, noi) prima, probabilmente non _____ (*essere*) in grado di reagire.

6 a Completa le frasi con il periodo ipotetico III. ▶ Riassunto 3

1. Se tu mi avessi invitato/-a alla tua festa, _____.
2. Se ieri tu non fossi tornato/-a tardi, _____.
3. _____, Sara avrebbe preso un bel voto.
4. Se io non avessi speso già tutti i soldi, _____.
5. _____, non saresti diventato/-a così rosso/-a in faccia.

3 Le sfide alla società

b Che cosa avresti fatto in questa situazione? Scrivi delle frasi e usa il periodo ipotetico III.

1. *Trovare* 50 euro al supermercato.

2. Sabato scorso non *uscire* la sera.

3. Nell'ultimo esame *prendere* un brutto voto.

4. La scorsa settimana *ricevere* un messaggio d'amore di un amico/un'amica.

5. Alla festa di un amico *conoscere* la ragazza/il ragazzo dei tuoi sogni.

6. Al cinema *incontrare* il fidanzato di un'amica con un'altra ragazza.

7. *Vedere* un'amica usare il libro durante un compito in classe.

COMPRENSIONE AUDITIVA

7 a Tre ragazzi si incontrano dopo le vacanze. Ascolta che cosa si raccontano. Abbina i nomi dei ragazzi alle emozioni.

nome	emozione
_____	a ♥
_____	b ☹
_____	c ☺

Le sfide alla società

b Ognuno dei ragazzi racconta di una persona che ha incontrato durante le vacanze. Ascolta ancora una volta, prendi appunti e riassumi ogni incontro in due frasi.

1. _____

2. _____

3. _____

c Scrivi nel tuo quaderno che cosa avresti fatto tu al posto di ognuno dei ragazzi.

Se io fossi stato/-a al posto di...

ESPRESSIONE SCRITTA

8 In un forum Marco ha scritto di una sua esperienza. Tu che cosa avresti fatto al suo posto? Scrivi un commento.

Ciao ragazzi!
Vedo che tanti di voi hanno lavorato per associazioni ambientali e sociali quest'estate. Anch'io ho lavorato, però in un villaggio turistico nel senso che ero in club a fare l'animatore[1] a Formentera. Se non l'avessi fatto, non avrei conosciuto tante persone di tanti paesi diversi e non avrei imparato a lavorare sotto stress. Ma se non ci fossero stati i miei colleghi, non sarei riuscito a passare sei mesi in quel villaggio… A dire la verità, se non avessi voluto iniziare quest'anno l'università, probabilmente avrei scelto qualcos'altro, magari mi sarei impegnato nel sociale anch'io. Ma non mi andava di chiedere tutto ai miei, e quindi ho preferito trovare un modo divertente di guadagnare qualche soldo. [1] l'animatore *der Animateur*

3 Le sfide alla società

MEDIAZIONE

9 Un tuo amico italiano vorrebbe sapere che cosa scrivono i giornali in Germania sulla catastrofe ad Amatrice, però non sa bene il tedesco. Hai trovato il seguente articolo. Gli scrivi un'e-mail e riassumi il contenuto del testo. ▶ Sprachmittlung, p. 145

Amatrice – Zone des Versagens   Von Oliver Meiler, Rom

[…] Ein Jahr ist es her, da in Mittelitalien die Erde bebte. Und wenn nun das italienische Fernsehen Bilder von den Dörfern zeigt, die damals hart getroffen wurden, von Amatrice, Accumoli, Arquata und Pescara del Tronto, dann sieht es so aus, als sei die Zeit einfach stillgestanden. Besonders eindrücklich sind die Aufnahmen aus der Höhe vom zerstörten Zentrum Amatrices, der „Zona rossa". […] Sergio Pirozzi, der Bürgermeister des Orts, in dem 235 der insgesamt 299 Erdbebenopfer umkamen, war seit dem Beben nie mehr in der „roten Zone". […] Weil ihn der Anblick schmerze, sagt Pirozzi, man möge das respektieren, er sei schließlich zuerst Mensch. Zurückkehren werde er erst, wenn der Bauschutt weggeräumt sei und erste Zeichen des Lebens blühten, Symbole der Wiedergeburt des Dorfes.

Das wird noch lange dauern. Der Umweltverband Legambiente schätzt, dass erst 8,5 Prozent der Trümmer weggebracht worden sind – insgesamt, aus allen 133 Gemeinden in den vier Regionen […], die im vergangenen Jahr von einem oder mehreren Beben getroffen wurden. Mehr als hunderttausend Nachbeben gab es schon seit jener Nacht im August. […] Und dann war der jüngste Winter auch noch der härteste der letzten sechs Jahrzehnte. Bis zu drei Meter Schnee behinderten die Arbeiten der Armee und des Zivilschutzes zusätzlich. […] Die Geschichte mit den Trümmern ist mindestens ebenso sehr der Bürokratie geschuldet wie den Launen der Natur. […] In der Vergangenheit war es Unternehmen der Mafia allzu oft gelungen, sich an der Räumung und am Wiederaufbau nach Naturkatastrophen zu bereichern. Diesmal schaut der Staat genau hin, die Regeln wurden neu geschrieben.

[…] Im Verzug ist man auch mit den provisorischen Behausungen für Obdachlose. […] Noch immer leben Tausende in Containern und Wohnwagen. Und 4274 wohnen seit der Katastrophe in Hotels, weit weg von ihren Dörfern. Vom Wiederaufbau ist nicht viel zu sehen. Nur kleine Initiativen. Etwa die „Area Food", ein schöner Holz- und Glasbau, entworfen vom Mailänder Stararchitekten Stefano Boeri und finanziert aus privaten Spenden. Sieben alte Lokale kommen dort unter, auch das Ristorante Roma, einst das gastronomische Herz des Dorfes. Es pries sich dafür, die besten Spaghetti all'Amatriciana der Welt zu machen. […] Nun kocht die Familie Bucci wieder, die Plätze sind immer ausgebucht. Wenigstens jetzt, mitten im Sommer.

Fonte: Oliver Meiler, http://www.sueddeutsche.de/panorama/italien-amatrice-zone-des-versagens-1.3638212, 24.08.2017

7 der Bürgermeister *il sindaco*; 12 wegräumen *rimuovere*; 22 der Zivilschutz *la protezione civile*

Le sfide alla società

3B LA MIA CASA È QUI

COMPRENSIONE LETTURA

1 Rintraccia i seguenti vocaboli nei testi. ▶ Testi, pp. 61–62 ▶ Die Bildung von Wörtern erkennen, pp. 122–123

in tedesco	in italiano	in tedesco	in italiano
1. die Fahrradtour	_____	4. der Sommertourismus	_____
2. die Lawinengefahr	_____	5. die Skipiste	_____
3. der Kunstschnee	_____	6. das Risikogebiet	_____

2 Leggi i punti nella tabella. Quale colonna tratta di quale regione? Inserisci i nomi delle regioni. Poi aggiungi due parole chiave in ogni colonna. ▶ Testi, pp. 61–62

_____	_____	_____
• parlare due lingue	• la regione colorata	• i prodotti tradizionali
• il turismo di massa	• il rischio di un'eruzione	• la pesca
• _____	• _____	• _____
• _____	• _____	• _____

LA LINGUA

Falsi amici

3 a Leggi le frasi. Individua le parole che hanno lo stesso significato di quelle sottolineate. ▶ Wörter erschließen, pp. 121–122

1. Gestern habe ich eine <u>Karte</u> fürs Kino gekauft.
   a una carta
   b un biglietto
   c una cartolina

2. An unserem <u>Gymnasium</u> kann man Italienisch und Spanisch lernen.
   a il liceo
   b il ginnasio
   c l'istituto

3. Meine Oma ist <u>älter</u> als mein Opa.
   a più alta
   b più grande
   c più vecchia

4. Nel suo tempo libero Amalia si impegna per l'<u>ambiente</u>.
   a das Ambiente
   b die Umwelt
   c das Milieu

5. Quest'inverno fa <u>più caldo</u> del solito.
   a kälter
   b wärmer
   c schöner

6. Michelangelo è uno <u>degli artisti</u> più famosi del mondo.
   a der Artist
   b der Erfinder
   c der Künstler

b Completa la tabella. Usa il dizionario.

la parola tedesca	in italiano assomiglia a	però in italiano si dice	il falso amico in tedesco è
die Karte (Zug, Kino, etc.)	la carta	il biglietto	la carta = das Papier
das Ambiente	_____	_____	_____
kalt	_____	_____	_____
_____	alto (agg.)	_____	_____

3 Le sfide alla società

La forma passiva

4 Durante uno scambio scolastico in Germania Alessandra parla dell'Italia in classe. Completa le sue frasi con la forma passiva (in alcuni casi ci sono due possibilità, presente o passato).

1. In Italia _____ (*produrre* sempre) molto olio d'oliva, soprattutto al sud.

2. Molti edifici nuovi _____ (*costruire*) a Milano per l'Expo.

3. Nessun tavolo al ristorante _____ (*prenotare*) prima delle otto.

4. _____ (*notare*) negli ultimi anni un aumento delle alluvioni.

5. In Trentino la gente _____ (*attrarre, sempre*) dalla montagna.

6. I posti di mare _____ (*vedere, da sempre*) come punto d'incontro tra culture diverse.

7. La situazione dei giovani non _____ (*risolvere, ancora*).

5 Su un blog hai trovato un articolo sulle differenze tra le diverse regioni d'Italia. Riscrivi le frasi e metti le parti sottolineate al passivo. Attenzione ai tempi (presente e passato prossimo). ▶ Riassunto 3

NORD E SUD

Abbiamo intervistato alcuni giovani di diverse regioni italiane. Si vede che i milanesi considerano gli italiani del sud quasi degli stranieri, anche se gli esempi per le differenze non ci hanno proprio convinti. I ragazzi dicono che al sud la gente prepara tantissimo da mangiare per pranzo, quanto ne mangia un milanese in una settimana. Inoltre pensano che da loro tutto funzioni meglio e che negli ultimi anni al nord le aziende abbiano prodotto una tecnologia più innovativa. La gente del sud, o gente di giù, come la chiamano i milanesi, pensa invece che da loro le famiglie tramandino molte tradizioni importanti alle prossime generazioni. Soprattutto nell'ambito della cucina le persone danno molta importanza alle cose buone e ben fatte. Insomma, si vede che la gente non farà mai a meno di un po' di campanilismo.

6 Per la scuola, Lorena ha preparato un video sul progetto Slow Food. Completa quello che dice con i pronomi personali complemento diretto o indiretto, le preposizioni (articolate) e ci e ne.

Oggi _____ faccio conoscere il progetto SLOW FOOD: _____ parlar_____ ho preparato un video. Ma prima di far_____ vedere, _____ do già qualche piccola informazione. Allora, Slow Food è un'associazione *no profit* nata _____ 1986 a Bra, in provincia di Cuneo, _____ Piemonte. A proposito, è il paese d'origine di mia madre. _____ manca tanto la sua casa e perciò _____ andiamo spesso _____ vedere la nostra famiglia. Ho anche dato un titolo _____ mio video: _____ ho chiamato BUONO + PULITO + GIUSTO = CIBO DI QUALITÀ, perché se guardiamo _____ filosofia Slow Food, questi _____ sono i pensieri centrali. Le cose che si mangiano devono essere buone: _____ dobbiamo mangiare con piacere. Devono essere pulite: i produttori devono trattare bene l'ambiente e gli animali, cioè devono rispettar_____. E infine il cibo deve essere "giusto": questo riguarda la situazione delle persone che _____ producono. Ora vi faccio vedere il video. Poi dopo aver _____ visto _____ discuteremo!

ESPRESSIONE SCRITTA

7 Hai passato alcune settimane in Umbria. Dopo il ritorno in Germania vuoi presentare la regione sul sito della scuola. Guarda le foto e scrivi un breve testo con l'aiuto dei punti seguenti. ▶ Per comunicare, p. 185

Quali sono le particolarità di questa regione?
Che cosa c'è da vedere?
Quali sfide propone questa regione?
Come si vive lì secondo te?

Perugia – *essere* città vivace piena di giovani

Lago Trasimeno – *offrire* paesaggi bellissimi

Gubbio – *festeggiare* la Corsa dei Ceri

Agriturismi – *organizzare* un turismo sostenibile

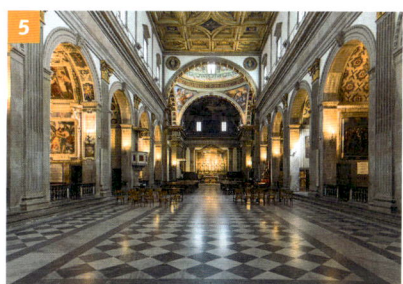

Assisi – *vedere* siti di cultura importanti

Norcia – *essere* colpita da terremoti

3 Le sfide alla società

MEDIAZIONE

8 a Durante uno scambio in Germania, Lorenzo legge il seguente articolo sull'Oktoberfest a Monaco, ma non capisce tutto. Leggi le sue domande e il testo. Sottolinea le parti che sono importanti per poter rispondere alle domande.

> Da quando esiste l'Oktoberfest e che cosa si festeggia? Perché si chiama "Oktoberfest" ma ha luogo a settembre? Dove si inaugura l'Oktoberfest? E quest'anno, quando è iniziata?
> Che cosa è successo la domenica nella Maximilianstrasse? Quali sono i trend e le mode degli ultimi anni?

„**O'ZAPFT IS**" heißt es auf dem Oktoberfest, dem mit rund 6.7 Millionen Besuchern größten Volksfest Deutschlands. Die erste „Wiesn" – so nennen die Münchner ihr Fest – fand im Jahr 1810 zu Ehren der Hochzeit des bayerischen Kronprinzen Ludwig mit Prinzessin Therese von Sachsen-Hildburghausen in München statt und
5 dauerte vom 12. bis zum 17. Oktober 1810. In den folgenden Jahren wurde das Fest regelmäßig wiederholt, später dann auf 14 Tage verlängert und aufgrund der Wetterbedingungen auf Mitte September vorverlegt. Auch in diesem Jahr eröffnete der Oberbürgermeister das Fest wieder am ersten Samstag um 12 Uhr im Schottenhamel-Festzelt. Danach wurde auch in den anderen 14 großen und 15 kleineren Zelten gefeiert. Am ersten Wiesn-Sonntag haben wieder Tausende
10 Münchner und Besucher aus aller Welt in einem spektakulären Umzug von der Maximilianstraße durch die Innenstadt bis zur Theresienwiese ihre prächtigen Trachten gezeigt. Die Tradition stammt bereits aus dem Jahr 1835. In traditioneller Kleidung zum Oktoberfest zu gehen und im Zelt den sogenannten Wiesn-Hit mitzusingen, ist unter den Wiesnbesuchern schon seit Langem ein Trend. Außerdem gibt es inzwischen nicht nur das Original in München, sondern rund 2000
15 weitere Oktoberfeste weltweit, wie z. B. in Brasilien und Kanada.

4 der Kronprinz *il principe ereditario*; 7 eröffnen *inaugurare*

Le sfide alla società

b Rispondi in italiano alle domande di Lorenzo. ▶ Riassunto 3 ▶ Sprachmittlung, p. 145

___

COMPRENSIONE AUDITIVA

9 a Su un sito di attivisti ambientali hai trovato un podcast di un giovane volontario calabrese. Ascolta e prendi appunti sugli aspetti positivi e negativi della Calabria. Inseriscili nella tabella.

aspetti positivi	aspetti negativi

b La protezione civile. Ascolta ancora una volta e trova le risposte giuste.

1. La protezione civile esiste dal
   a 1960.
   b 1966.
   c 1976.

2. La protezione civile è attiva
   a solo in Calabria.
   b nel Meridione.
   c in tutta Italia.

3. I volontari della protezione civile
   a raccolgono i rifiuti in città.
   b si occupano delle spiagge e dei boschi.
   c si occupano delle spiagge e dei fiumi.

4. I volontari vanno anche
   a nelle scuole elementari e nelle medie.
   b negli asili e nelle scuole elementari.
   c nei licei.

quarantatré 43

3 Le sfide alla società

Officina di mediazione

1 a In un giornale vedi il seguente articolo sul cambiamento del clima in Italia. Leggi l'articolo e spiega con parole tue le seguenti espressioni in italiano.

schönreden (Z. 1–2): _____

die Pflanzenwelt steht Kopf (Z. 13): _____

die Katastrophenszenarien (Z. 34): _____

_____

an Bedeutung gewinnen (Z. 35–36): _____

Ist die Erde noch zu retten?

Die Erde erwärmt sich, da ist nichts mehr schönzureden. Das zeigt auch der neueste Bericht des Weltklimarates: Extremes Wetter wird in den nächsten Jahren noch extremer – und häufiger. Die Fol-
5 gen wurden besonders in Italien in diesem Jahr wieder spürbar: Eisflächen schmelzen, Städte werden geflutet, Küsten verformen sich, Ackerflächen trocknen aus.

In den Abruzzen breiten sich immer mehr tropische
10 Tierarten aus. Einheimische Tiere finden aufgrund des warmen Klimas keinen Winterschlaf und verirren sich bisweilen auf die Skipiste. Auch Italiens Pflanzenwelt steht Kopf, einige Bäume sind schon im Januar grün. Landwirte, Fremdenverkehrsämter,
15 Katastrophenschützer und Klimaforscher sind aufgrund der klimatischen Bedingungen alarmiert, denn es wird vorhergesagt, dass sich große Teile des Landes in den kommenden Jahrzehnten in Halbwüsten verwandeln werden. Diese Entwicklung war in
20 diesem Jahr Ursache für zahlreiche Naturkatastrophen. Roms Bürgermeister Walter Veltroni sagt: „Die Natur ist verrückt geworden, und nur noch die Wissenschaft kann uns retten." Während Rom in

diesem Sommer wochenlang ohne Regen war, ver-
25 sank die Hafenstadt Livorno nach starken Regenfällen in den Fluten, wobei eine Familie ums Leben kam. „Livorno wurde verwüstet", twitterte der Bürgermeister der toskanischen Stadt, Filippo Nogarin. In den Abruzzen wurden durch eine vom Erdbeben
30 ausgelöste Lawine 40 Menschen in dem Hotel Rigopiano unter Massen von Schnee, Bäumen und Geröll begraben. In Ischia starben zwei Frauen nach einem Erdbeben.

Immerhin: Die Katastrophenszenarien lassen das
35 Thema Umweltschutz bei der Bevölkerung an Bedeutung gewinnen. Und das nicht nur, weil früher oder später der Tourismus in Italien betroffen sein wird.

b Un'amica italiana viene a trovarti in Germania. Ha visto quest'articolo e ti chiede di tradurre il titolo in italiano.

_____

c La tua amica in Italia si impegna per l'ambiente. Si interessa al contenuto dell'articolo e ti fa delle domande. Rispondi con parole tue. ▶ Sprachmittlung, p. 145

> Che cosa dicono degli animali in Italia? Perché si parla di Roma e di Livorno? E alla fine che cosa scrivono degli italiani?

Angolo di Lettura

TERRA

La sensazione è stata quella di un colpo più forte del cuore, un calcio dato – da dentro – al centro del petto. Soltanto dopo hai capito che il pavimento aveva tremato, e quando hai alzato la testa hai visto vacillare l'armadio e il lampadario. Intanto tua madre aveva già cominciato a gridare, e non c'è stato il tempo di pensare alle scale che eravate già in strada insieme a decine di altre persone. Guardando da fuori
5 le crepe lungo il muro, il cuore ha tirato un altro calcio da dentro. Quindi un coro di voci allarmate ha accompagnato la caduta di un pezzo di casa, dal tetto fino allo scoppio al contatto col suolo. E allora che tutti hanno cominciato a dire di andare al campo sportivo. I primi hanno dato l'esempio e gli altri – tu e tua madre tra questi – li hanno seguiti voltandosi indietro, fermandosi ogni venti metri a vedere se il palazzo crollava davvero.

10 Il campo era un po' fuori dal centro abitato. Voi eravate un serpente lungo qualche chilometro che con la testa l'aveva raggiunto da un pezzo, mentre la coda era ancora in mezzo alle case. Qualcuno ha cominciato anche a dire che la terra si era calmata, che si poteva rientrare perché il pericolo era finito. Ma le mamme – e la tua era tra queste – dicevano che era meglio aspettare qualche ora. Così siete entrati nel campo sportivo, e ciascuno ha scelto il posto in cui si sentiva più sicuro, qualcuno al centro, qualcuno sui
15 lati. Tu hai voluto stare sotto la porta, che era il posto dove stavi ogni volta che giocavi con i tuoi compagni. Tua madre voleva portarti al centro del campo, ma dopo poco ha rinunciato. Lì ti sembrava di avere una casa, seconda soltanto a quella che avevi lasciato quando il pavimento aveva cominciato a tremare.

Siete stati lì seduti a lungo, e a lungo nessuno ha parlato. [...] Poi hai sentito un tremore sotto il sedere, come qualcuno che tirava un calcio da sotto la terra. Lì, seduto sull'erba, mentre gli altri avevano preso a
20 parlare e una bambina piangeva atterrita, a te invece, all'opposto, è venuto in mente un pomeriggio in cui tua zia ti aveva invitato ad appoggiarle l'orecchio alla pancia una settimana prima del parto, per sentire i colpi che dava il bambino, da sotto la pelle. Quando avevi staccato l'orecchio, l'avevi guardata, come ora sull'erba hai guardato tua madre, e ti eri coperto la bocca, come per un segreto che non bisognava dire a nessuno.

Fonte: Andrea Bajani: La vita non è in ordine alfabetico, Giulio Einaudi editore, Torino 2014, pp. 107–108

---

1 la sensazione *das Gefühl*; 1 il calcio *hier: der Tritt*; 2 il petto *die Brust*; 2 il pavimento *der Fußboden*; 2 tremare *beben*; 3 vacillare *schwanken, wackeln*; 3 il lampadario *der (Kron)leuchter*; 5 la crepa *der Riss*; 6 lo scoppio *un rumore molto forte*; 10 il serpente *die Schlange*; 11 la coda *qui: la fine*; 16 rinunciare *verzichten, aufgeben*; 18 il sedere *der Hintern*; 19 l'erba *das Gras*; 20 atterrito/-a spaventato/-a; 21 l'orecchio *das Ohr*; 21 la pancia *der Bauch*; 21 il parto *quando nasce un bambino*; 23 la bocca *der Mund*

1 Dai dei titoli ai tre paragrafi del testo.

a. _____

b. _____

c. _____

2 a Secondo te quanti anni ha il narratore? Motiva la tua risposta nel tuo quaderno.

b Sottolinea le frasi in cui si parla della madre del narratore. Riassumi quello che fa nel tuo quaderno.

3 Commenta l'atteggiamento del narratore. Secondo te ha paura del terremoto? Motiva la tua risposta nel tuo quaderno.

AUTOCONTROLLO 3

1 Completa la tabella con le forme di congiuntivo trapassato e di condizionale composto.

	congiuntivo trapassato	condizionale composto
rispettare, io	_____	_____
risolvere, tu	_____	_____
crollare, lui/lei	_____	_____
allontanarsi, noi	_____	_____
distribuire, voi	_____	_____
scappare, loro	_____	_____

2 Un reporter raccoglie le testimonianze della gente ad Amatrice. Completa il testo con le forme verbali corrette del periodo ipotetico III.

1 _____ (*essere*) più facile se ci _____ (*dare*, loro) subito delle informazioni sulla grave situazione.

2 Se non _____ (*avere*, noi) il cellulare, non _____ (*potere*) informare la famiglia e tutti _____ (*preoccuparsi*) tantissimo.

3 Se i volontari non _____ (*distribuire*) pasti e coperte, _____ (*morire*, noi) tutti di fame e freddo.

4 Se il cane non _____ (*abbaiare*), mio zio non _____ (*trovare*) tre bambini sotto le macerie.

5 Se il tempo non _____ (*cambiare*) e se non _____ (*fare*) così freddo, _____ (*tornare*, voi) prima nelle vostre case.

6 Ho detto alla mia amica: Se non _____ (*esserci*, tu) e se non mi _____ (*portare*) a casa tua, non _____ (*sapere*) dove andare.

7 Se non _____ (*conoscere*, io) la mia fidanzata proprio in quei giorni, _____ (*andare*) a vivere altrove.

Le sfide alla società

3 Racconta la storia di Raffaele e Maria con l'aiuto delle vignette. Completa la seconda parte delle frasi nel tuo quaderno usando il periodo ipotetico III.

Maria non *perdere* la borsa

nella borsa non *esserci* una cartolina con un indirizzo

Raffaele non *passare* a casa di Maria

non *bere* un caffè

4 Il giornale di Trento annuncia la festa della città. Completa il seguente testo con le forme corrette del passivo. Attenzione ai tempi.

Nel centro storico di Trento due giornate intere

_____ (*dedicare*) al folklore e alla musica.

Sabato 7 ottobre _____ (*presentare*) dieci

band in diversi luoghi del centro. Domenica 8 ottobre

_____ (*pensare*) per i bambini e per le

famiglie con musica e giochi. _____

(*mangiare*) anche il dolce tipico trentino: uno strudel lungo 100

metri _____ (*preparare*) nel cuore della città. Quello dell'anno scorso era solo di 50 metri,

e _____ (*fare*) commenti negativi da turisti e da cittadini. Tutti gli abitanti della città

_____ (*chiamare*) a partecipare alla festa, che _____ (*considerare*)

tra le più divertenti della zona.

5 Maria e Giorgio sono in vacanza in Puglia con le loro famiglie. Completa il dialogo con *ci* e *ne*.

G: Ciao Maria, che fai domani sera?

M: Vado a Rodi Garganico, _____ sarà una festa con tante bande musicali[1].

G: Bello! Forse _____ vengo anch'io, ti va?

M: Certo, _____ sarei contenta. Mia sorella non viene, non _____ ha voglia.

Ma è davvero una bella cosa con tantissimi musicisti di tutte le età.

G: Sì, _____ avevo già sentito parlare, ma non _____ avevo più pensato.

M: Perfetto, e a che ora vogliamo andar _____?

G: Sentiamoci dopo, _____ devo parlare un attimo con i miei!

M: Va bene, a più tardi allora!

[1] la banda musicale *die Musikkapelle*

4 ATTEGGIAMENTI TRA NORD E SUD

APPROCCIO

LA LINGUA

Il vocabolario

1 a Cerca le parole italiane corrispondenti a quelle francesi e scrivile nella tabella. ▶ testi, pp. 76–77
▶ Wörter erschließen, pp. 121–122

tedesco 🇩🇪	italiano 🇮🇹	francese 🇫🇷	inglese 🇬🇧
_____	_____	la crise	_____
_____	_____	l'infrastructure	_____
_____	_____	la corruption	_____
_____	_____	l'efficience	_____

b Completa la tabella con le parole tedesche e inglesi e sottolinea le differenze ortografiche.

COMPRENSIONE LETTURA

2 Rispondi alle domande sui testi alle pp. 76 e 77 nel libro.

1. Tradizionalmente quali sono i settori industriali più importanti al nord? Che cosa ci si produce?

   _____
   _____

2. Perché oggi molte fabbriche al nord sono chiuse?

   _____

3. Quali prodotti agricoli tipici del nord sono famosi in tutto il mondo?

   _____

4. Dai un esempio per mostrare che l'infrastruttura al sud non funziona sempre tanto bene.

   _____
   _____

5. In che senso possiamo dire che la situazione al sud è migliorata?

   _____
   _____

6. Perché ancora oggi molti italiani vanno al nord o all'estero?

   _____
   _____

ESPRESSIONE SCRITTA

3 Il tuo corso d'italiano ha aperto un blog sulle regioni italiane. Informati bene sulla Calabria e presentala sul blog. Scrivi un testo. Fatti ispirare dalle foto e usa le seguenti espressioni.

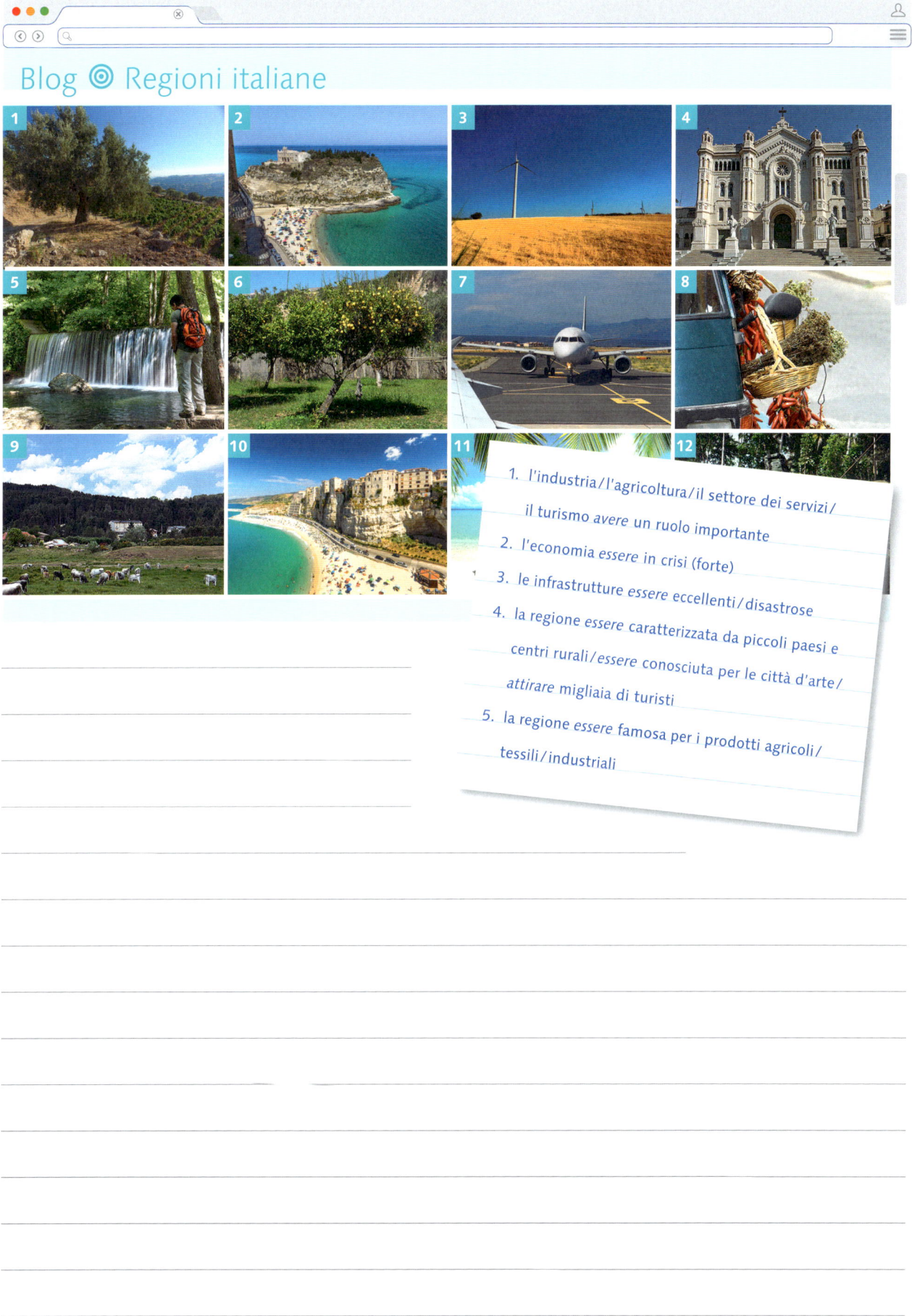

1. l'industria/l'agricoltura/il settore dei servizi/il turismo avere un ruolo importante
2. l'economia essere in crisi (forte)
3. le infrastrutture essere eccellenti/disastrose
4. la regione essere caratterizzata da piccoli paesi e centri rurali/essere conosciuta per le città d'arte/attirare migliaia di turisti
5. la regione essere famosa per i prodotti agricoli/tessili/industriali

4 Atteggiamenti tra nord e sud

4A LIBERA TERRA

COMPRENSIONE LETTURA

1 Leggi il testo su Libera Terra a p. 79 nel tuo libro. Quale frase è corretta e quale sbagliata? Correggi le frasi false e marca l'errore.

1. Il Dott. Gialli ha a che fare con problemi economici.
   ___

2. L'associazione italiana Libera Terra s'impegna per la legalità.
   ___

3. Libera produce tante cose da mangiare.
   ___

4. In Italia la gente lotta contro la mafia già da più di cinquant'anni.
   ___

5. Libera Terra vende i terreni di ex-mafiosi.
   ___

6. Ci sono già troppi giovani che lavorano per l'associazione.
   ___

7. Per chi s'impegna per Libera Terra c'è il vantaggio di un lavoro sicuro.
   ___

8. Terra libera si attiene ai metodi dell'agricoltura tradizionale.
   ___

9. Chi compra da Libera s'impegna contro la mafia e mangia cibi sani e buoni.
   ___

10. Bisogna andare in Italia per comprare i prodotti di Libera Terra.
    ___

COMPRENSIONE AUDITIVA

🎧11 **2 a** Hai trovato un podcast con un'intervista su "Radio 100 passi". Leggi le frasi. Individua le risposte giuste.

1. La giornalista dice che la mafia c'è
   - a solo a Palermo.
   - b solo in Italia.
   - c in molti paesi.

2. Il motto di "Radio 100 passi" è: "La mafia uccide. Il silenzio
   - a fa bene."
   - b pure."
   - c fa paura."

Atteggiamenti tra nord e sud

3. La radio s'impegna per
   a la legalità.
   b i mass media.
   c i cantanti.

4. Giuseppe Impastato è famoso per
   a "Radio Aut".
   b i suoi libri.
   c l'impegno per una community a Hannover.

5. La sede centrale della web radio è a
   a Bagheria.
   b Palermo.
   c Hannover.

6. La radio arriva
   a in Italia.
   b in tutto il mondo.
   c in Italia e in Germania.

b La tua amica Silvia, che era nell'altra stanza, non ha sentito bene l'intervista. Ascolta ancora una volta e racconta a Silvia quello che ha detto il volontario.

1. Che cosa ha detto la giornalista di Filippo? Che cosa fa?

   → La giornalista ha detto che _____

2. Che cosa ha detto Filippo di Giuseppe Impastato? → Filippo ha detto che _____

3. E che cosa ha detto dell'amico di Giuseppe? → Ha raccontato che _____

LA LINGUA

Il vocabolario

3 Conosci già le seguenti parole? Completa la tabella con le parole della stessa famiglia. Puoi anche usare un dizionario. ▶ Wörter erschließen, pp. 121–122

sostantivo	aggettivo	verbo
_____	_____	perdonare
la legalità	_____	_____
_____	_____	provocare
la modernità	_____	_____
la corruzione	_____	_____
la durata	_____	_____
_____	abusivo/-a	_____

4 a Metti l'articolo giusto accanto ai seguenti sostantivi. Puoi anche usare un dizionario.

1. _____ destinazione – _____ tema – _____ guida – _____ film – _____ prigione

2. _____ sisma – _____ programma – _____ maturità – _____ strumento – _____ cannocchiale

3. _____ macerie – _____ trend – _____ menù – _____ jeans – _____ sabbia

4. _____ inquinamento – _____ continente – _____ racconto – _____ problema – _____ festival

4 Atteggiamenti tra nord e sud

b Forma tre frasi nel tuo quaderno con almeno sei delle parole dell'esercizio 4a.

Per riattivare i vari tempi

5 Fate il tandem a p. 70. Con questo esercizio ripetete i tempi (presente, passato prossimo, imperfetto, trapassato prossimo e futuro) e i modi verbali.

Il discorso indiretto nel passato

6 Racconta a un'amica italiana quello che ieri ti hanno detto alcune persone. ▶ Riassunto 4

1. – Chiamami domani.
   – Mio fratello mi ha detto _____

2. – Devi studiare di più.
   – Il mio prof mi ha detto _____

3. – Dovete mettere in ordine le vostre camere.
   – I nostri genitori hanno detto _____

4. – Mio fratello ti ha visto ieri in centro.
   – Il mio amico ha detto _____

5. – A Luigi non è andato bene l'esame.
   – La mia amica ha detto _____

6. – Mia sorella va a scuola in bici.
   – Il mio amico ha detto _____

ESPRESSIONE SCRITTA

7 Durante le vacanze estive vuoi partecipare a un campo di volontariato di Libera Terra con la tua amica italiana Anna. Visto che Anna non è ancora convinta dell'idea, le scrivi un'e-mail. Fabio ti ha raccontato con entusiasmo delle sue esperienze da volontario. Scrivi l'e-mail ad Anna nel tuo quaderno, parla dei vantaggi di un'esperienza di volontariato e riporta anche quello che ha detto Fabio.

1. Ho partecipato a un campo di volontariato di Libera in Puglia e ho vissuto un'esperienza unica.

2. Durante quest'esperienza di volontariato si impara molto sulla mafia. Si può anche parlare con i familiari delle vittime della mafia.

3. Nelle prossime vacanze partirò per un altro campo di volontariato di Libera. Andrò in Puglia per impegnarmi di nuovo per la legalità e la giustizia.

4. Non ho solo lavorato sui terreni confiscati alle mafie. Ho anche conosciuto altri ragazzi. È stato stupendo.

Atteggiamenti tra nord e sud

ESPRESSIONE ORALE

8 Preparate le schede per giochi di ruolo a p. 65 e presentate il dialogo.

A vuole organizzare una visita guidata al centro di volontariato con la classe.
B lavora all'ufficio informazioni presso l'associazione di volontariato Aprimondo.

MEDIAZIONE

9 a Stai parlando con i tuoi amici italiani del film "La mafia uccide solo d'estate". Ma Fabrizio non l'ha visto e vuole sapere di che cosa tratta. Hai appena letto il seguente testo in una rivista tedesca. Sottolinea le informazioni più importanti.

FILMTIPP

Pierfrancesco Diliberto (Pif), Regisseur von „Die Mafia mordet nur im Sommer" (La mafia uccide solo d'estate)

„Wird die Mafia uns töten?"
„Wir haben Winter. Die Mafia tötet nur im Sommer."

Arturo Giammarresi, ein junger Journalist und Protagonist des Films, erzählt im Rückblick, wie die Mafia von Anfang an sein Leben geprägt hat. Dieser Einfluss fing sogar schon am Tag seiner Zeugung an, als die Mafia im selben Haus ein Blutbad (*strage di viale Lazio*) anrichtete. Arturo brauchte lang, bis er sprechen lernte, doch dann war sein erstes Wort nicht etwa „Mama" sondern „Mafia" und am Tag seiner Taufe wurde der Mafioso Vito Ciancimino Bürgermeister von Palermo. Immer wieder greift der Regisseur, Pierfrancesco Diliberto (auch als Pif bekannt), reale Ereignisse in Sizilien auf. Diese sind im Film mit einer Liebesgeschichte verknüpft. Schon in der Grundschule war Arturo nämlich in ein Mädchen namens Flora verliebt, aber er wusste nie so recht, wie er ihr seine Liebe offenbaren sollte. Freilich hatte auch hier die Mafia ein Wörtchen mitzureden. „Die Mafia mordet nur im Sommer" ist eine schwarze Komödie, lustig und ernst zugleich. Diliberto hat darin seine eigenen Erfahrungen mit der Cosa Nostra verarbeitet, die viele Palermitaner mit ihm teilen. Da ist einerseits die Normalität des Alltags und andererseits die mafiöse Gewalt. Der Film erhielt mehrere italienische Filmpreise und auch den Europäischen Filmpreis als Beste Komödie. Der Antimafia-Staatsanwalt Pietro Grasso äußerte sich begeistert: „Der Film geht direkt ins Herz."

b Usa le parti che hai sottolineato per raccontare al tuo amico di che cosa tratta "La mafia uccide solo d'estate". È un buon film? Non devi tradurre le frasi. Riassumi e spiega tutto con le tue parole. Non hai bisogno di un dizionario. ▸ Sprachmittlung, p. 145

4 Atteggiamenti tra nord e sud

4B VIVA LO SPORT

COMPRENSIONE LETTURA

1 a Un tuo compagno / Una tua compagna di classe prepara una presentazione sullo sport in Italia. Confronta i suoi appunti con le informazioni alle pp. 84 e 85 nel libro e indica le cinque frasi sbagliate.

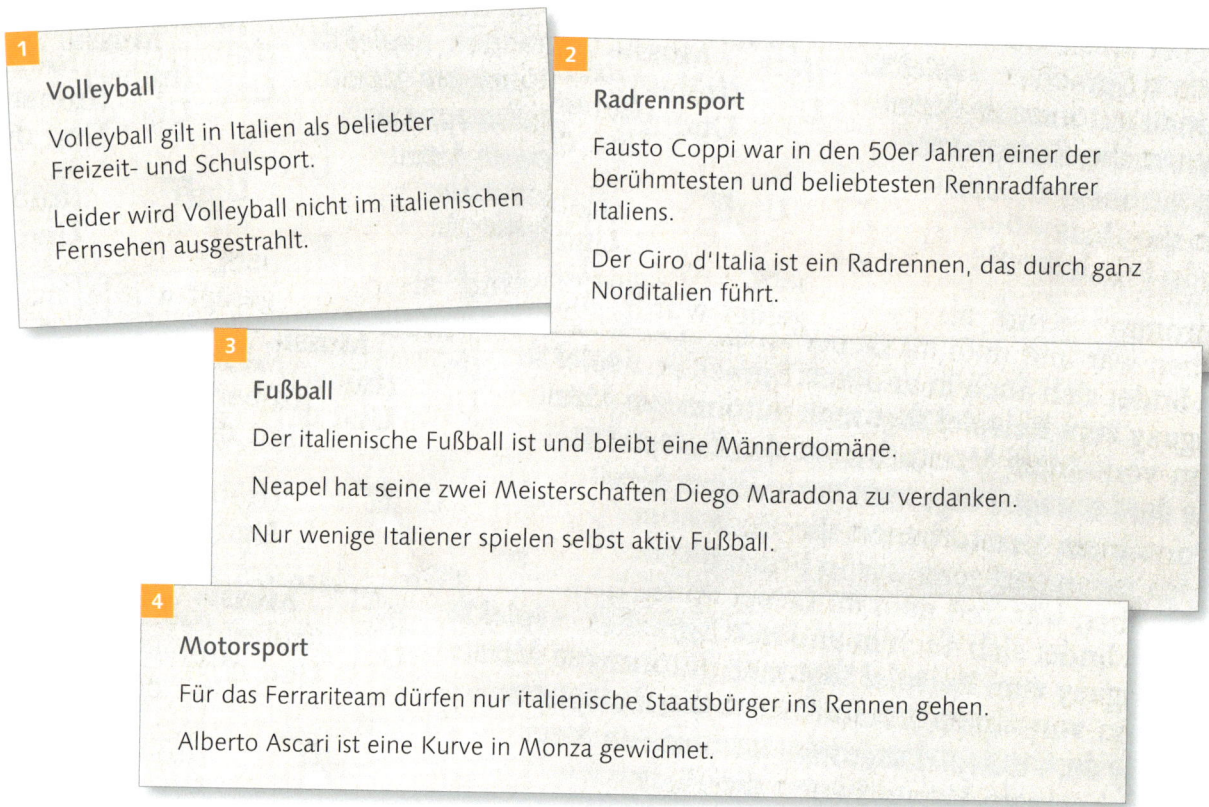

1 Volleyball
Volleyball gilt in Italien als beliebter Freizeit- und Schulsport.
Leider wird Volleyball nicht im italienischen Fernsehen ausgestrahlt.

2 Radrennsport
Fausto Coppi war in den 50er Jahren einer der berühmtesten und beliebtesten Rennradfahrer Italiens.
Der Giro d'Italia ist ein Radrennen, das durch ganz Norditalien führt.

3 Fußball
Der italienische Fußball ist und bleibt eine Männerdomäne.
Neapel hat seine zwei Meisterschaften Diego Maradona zu verdanken.
Nur wenige Italiener spielen selbst aktiv Fußball.

4 Motorsport
Für das Ferrariteam dürfen nur italienische Staatsbürger ins Rennen gehen.
Alberto Ascari ist eine Kurve in Monza gewidmet.

b Correggi nel tuo quaderno in tedesco gli errori che ha fatto il tuo compagno / la tua compagna.

COMPRENSIONE AUDITIVA

🎧12 **2 a** Ascolta il podcast "Scienza e scoperte". Guarda le foto e marca la professione di cui si parla.

A    B    C

🎧12 **b** Lo speaker presenta la vita e il lavoro di Samantha Cristoforetti. Ascolta bene e inserisci le date e le informazioni sul suo mestiere.

1. _____ Samantha Cristoforetti è nata a Milano.

2. _____ è diventata la prima _____ femminile italiana.

3. _____ è cominciata la sua prima missione _____.

4. _____ è tornata sulla Terra (record femminile).

LA LINGUA

Parlare di date

3 Laura prepara una presentazione sulla storia dello sport in Italia. Forma delle frasi come nell'esempio.

1. anni '30 – la nazionale italiana di calcio *vincere* due volte il campionato mondiale di calcio
2. anni '80 – i Napoletani *vedere* Diego Maradona al pari di un santo
3. qualche anno – andare in mountain bike *diventare* la passione di tanti italiani
4. I successi leggendari di Fausto Coppi *risalire* – anni '50
5. XX secolo – Alberto Ascari *essere* l'unico pilota italiano a vincere un mondiale con una Ferrari
6. anni '90 – *essere* un periodo fortunato per la nazionale italiana di pallavolo.

1. *Negli anni '30 la Nazionale di calcio italiana ha vinto due volte il campionato mondiale di calcio.*

2. _____

3. _____

4. _____

5. _____

6. _____

Per ripassare le congiunzioni

4 a Laura, entusiasta di pallavolo, ha trovato un articolo interessante in Internet. Completa il testo con le congiunzioni e le forme dei verbi corretti (al presente, passato prossimo, imperfetto, trapassato prossimo o infinito). Attenzione anche al congiuntivo.

| in modo che | ma | affinché | poiché | per | perché |

Campionato europeo di pallavolo: l'Italia al primo posto

La Nazionale italiana ha vinto il campionato europeo di pallavolo femminile, in corso da due settimane in quattro paesi dell'Est Europa. _____ le distanze _____ (*essere*) abbastanza grandi, la squadra ha viaggiato anche in aereo, _____ le giocatrici _____ (*potere*) rilassarsi un po'. In finale la Nazionale _____ (*riuscire*) a vincere contro la Serbia: è la terza vittoria dell'Italia agli Europei di pallavolo dopo quelle del 2007 e del 2009. _____ per anni l'Italia non _____ (*vincere*) nulla, forse _____ la squadra non _____ (*prepararsi*) bene. _____ l'Italia _____ (*potere*) continuare a vincere, ci vogliono giocatrici straordinarie come Paola Egonu, che è stata addirittura nominata miglior giocatrice del torneo[1]. In campo ha dato proprio tutto _____ prendersi la medaglia d'oro[2]. Vi _____ (*consigliare*, noi) di vederla giocare!

[1] il torneo *das Turnier* [2] la medaglia d'oro *die Goldmedaille*

4 Atteggiamenti tra nord e sud

b Hai trovato un articolo sulla pallavolo. Inserisci le congiunzioni mancanti. Ogni tanto ci sono più possibilità.

| dopo che | poiché | anche se | dato che | affinché | per questo motivo | che | ma | il quale |

Breve storia della pallavolo

La nascita della pallavolo è di tempi molto lontani, _____ già nell'antichità troviamo giochi con il pallone che assomigliano a questo sport. _____ amavano l'attività fisica nel tempo libero, i Romani e i Greci, ad esempio, utilizzavano dei giochi con il pallone. _____ anche nel Medioevo tutti giocavano a un gioco di questo tipo, tale gioco è arrivato in Germania, _____ con il nome di "Faustball". _____ questi giochi si assomigliano, sono sempre diversi da quello che ha inventato William Morgan, un insegnante di sport del college della YMCA di Holyoke, nel Massachusetts. Il 6 febbraio 1895 il professor Morgan ha chiamato alcuni colleghi _____ potesse fargli vedere un nuovo sport _____ veniva praticato solo con le mani[1]. Inoltre la palla doveva toccare terra solo nel campo degli avversari, e _____ un collega del professore ha proposto di chiamare questo sport "pallavolo" (*volleyball* in inglese). Ed è così _____ si chiama ancora oggi.

[1] con le mani *mit den Händen*

c Due amici si sentono al telefono. Usa le seguenti parole e forma delle frasi. Attenzione al congiuntivo o indicativo.

| benché | prima che | affinché | anche se |

- il tempo *essere* brutto – *volere* fare un giro in bici
- *andare* a mangiare un gelato – *cominciare* a piovere
- *incontrare* Laura in centro – *potere* (lei) provare la mia nuova bici
- *andare* al cinema – i miei non *essere* d'accordo

1. _____
2. _____
3. _____
4. _____

ESPRESSIONE SCRITTA

5 È da due anni che la tua amica Laura non è più venuta a trovarti in Germania. Scrivi nel tuo quaderno un'e-mail in cui le racconti dei cambiamenti nel tuo paese/nella tua città/regione negli ultimi anni o mesi. Quando ti sei accorto/-a del cambiamento e per quale motivo è stato realizzato?

> Ecco alcune idee: Dove abiti …
> 1. si trovano improvvisamente Segways o biciclette a noleggio ("Call a Bike")?
> 2. ci sono grattacieli o case nuove?
> 3. esistono nuovi tipi di sport o posti per divertirsi?
> 4. è stato aperto un negozio nuovo e speciale?

> è stato realizzato perché…
> quando ho visto… per la prima volta ero entusiasta/arrabbiato/-a
> sono rimasto/-a a bocca aperta…
> è utile poiché aiuta a spostarsi/proteggere l'ambiente…

MEDIAZIONE

6 Il tuo amico Paul si interessa per nuovi tipi di sport e ha trovato il seguente articolo in Internet. Non riesce a capire tutto e ti ha scritto un'e-mail con le sue domande. Leggi il testo e poi rispondi nel tuo quaderno alle domande di Paul. ▸ Sprachmittlung, p. 145

Hallo! Also, hier meine Fragen:

1. Was für ein Sport ist das genau? Ist es doch einfach Basketball?
2. Wer kann alles mitmachen?
3. Was steht da über die Regeln?
4. Wer hat sich das ausgedacht?

Vielen Dank und bis bald! Paul

Uno sport accessibile a tutti: il Baskin

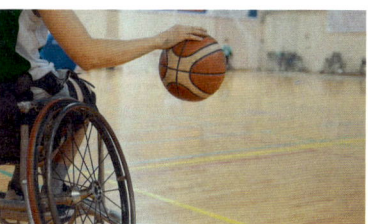

In Italia è nato uno sport per tutti: il baskin. Questa nuova attività assomiglia al basket, ma ne ha cambiato le regole: vuole permettere a tutti (che siano maschi o femmine, normodotati[1] o „diversamente abili") di partecipare realmente al gioco e di impegnarsi con il massimo
5 delle proprie capacità. L'idea è quella di creare uno sport adatto alla diversità delle persone, un gioco che si svolge in squadre veramente inclusive. Possono partecipare giocatori con qualsiasi tipo di disabilità[2], devono solo essere in grado di tirare[3] in un canestro[4]. Il gioco si basa su un regolamento fatto da 10 punti che permettono ai ragazzi disabili di essere non solo „assistenti", ma giocatori veri e propri. Questo si
10 raggiunge per esempio quando si usano più canestri – due „normali" e due laterali più bassi – e eventualmente anche palloni con dimensioni e pesi[5] diversi. Inoltre si adattano lo spazio (per esempio con aree protette per garantire il tiro nei canestri laterali) e i ruoli (ogni giocatore ha un ruolo che conviene alle sue competenze e un avversario diretto con competenze simili). Inoltre ci possono essere dei tutor che accompagnano le azioni di un giocatore disabile. Il Baskin è nato nel 2003 a Cremona da un'idea di
15 genitori e professori di educazione fisica. Il progetto vuole proporre una cultura dello sport diversa dalle rigide strutture dello sport ufficiale. Dal 2006 esiste anche l'Associazione Baskin onlus.

[1] normodotato/-a *ohne Beeinträchtigungen*; [2] la disabilità *Behinderung*; [3] tirare, il tiro *werfen, der Wurf*; [4] il canestro *Korb*; [5] il peso *das Gewicht*

Officina di scrittura

Atteggiamenti tra nord e sud

1 Per la scuola Chiara deve scrivere un articolo sull'astrofisica Margherita Hack. Prima di tutto prende degli appunti (a), poi scrive una versione finale (b). Confronta i testi e sottolinea le differenze nel testo b.

a Margherita Hack. La conosciamo come la più famosa astrofisica[1] italiana. È nota come una donna veramente carismatica dai tanti talenti. Nel corso degli anni aveva sempre un grande desiderio di comunicare. Ci ha fatto conoscere vari aspetti della sua vita. La signora toscana era una delle più grandi scienziate italiane, una scrittrice sensibile alle problematiche sociali del nostro tempo. Per ricordare la grande astrofisica, vale la pena fare un piccolo viaggio nella sua vita ricca di passioni, scelte e impegno. Possiamo leggere il suo libro. Il nome del libro è "La mia vita in bicicletta".

b Margherita Hack, che conosciamo come la più famosa astrofisica italiana, è anche nota come una donna veramente carismatica dai tanti talenti. Siccome aveva sempre un grande desiderio di comunicare, nel corso degli anni ci ha fatto conoscere vari aspetti della sua vita: la signora toscana non era soltanto una delle più grandi scienziate italiane ma anche una scrittrice sensibile alle problematiche sociali del nostro tempo. Per ricordare la grande astrofisica, vale la pena fare un piccolo viaggio nella sua vita ricca di passioni, scelte e impegno, e leggere il suo libro dal titolo "La mia vita in bicicletta".

[1] l'astrofisico/-a: der/die Astrophysikerin

2 Sottolinea le frasi di cui puoi migliorare lo stile. Poi scrivi la versione finale.

Margherita Hack ci ha dedicato un libro. Il nome del libro è "La mia vita in bicicletta". In questo libro ci racconta delle vicende della sua vita. Tutto inizia quando ha appena 10 anni. I suoi genitori non possono regalarle una bicicletta. Margherita deve prenderne in prestito una da amici di famiglia. La bici rimane la sua fedele compagna. Con questa compagna andrà a scuola, all'università e al lavoro ….

Angolo di lettura

Il contadino astrologo

Un Re aveva perduto un anello prezioso. Cerca qua, cerca là, non si trova. Mise fuori un bando che se un astrologo gli sa dire dov'è, lo fa ricco per tutta la vita. C'era un contadino senza un soldo, che non sapeva né leggere né scrivere, e si
5 chiamava Gàmbara. "Sarà tanto difficile far l'astrologo?" – si disse. – "Mi ci voglio provare".
E andò dal Re.
Il Re lo prese in parola, e lo chiuse a studiare in una stanza. Nella stanza
10 c'era solo un letto e un tavolo con un gran libraccio d'astrologia, e penna carta e calamaio. Gàmbara si sedette al tavolo e cominciò a scartabellare il libro senza capirci niente e a farci
15 dei segni con la penna. Siccome non sapeva scrivere, venivano fuori dei segni ben strani, e i servi che entravano due volte al giorno a portargli da mangiare, si fecero
20 l'idea che fosse un astrologo molto sapiente.
Questi servi erano stati loro a rubare l'anello, e con la coscienza sporca che avevano, quelle occhiatacce che loro rivolgeva Gàmbara ogni volta che entravano, per darsi aria
25 d'uomo d'autorità, parevano loro occhiate di sospetto. Cominciarono ad aver paura d'essere scoperti, e non la finivano piú con le riverenze, le attenzíoni: "Sí signor astrologo! Comandi, signor astrologo! "
Gàmbara, che astrologo non era, ma contadino, e perciò
30 malizioso, subito aveva pensato che i servi dovessero saperne qualcosa dell'anello. E pensò di farli cascare in un inganno.
Un giorno, all'ora in cui gli portavano il pranzo, si nascose sotto il letto. Entrò il primo dei servi e non vide nessuno. Di
35 sotto il letto, Gàmbara disse forte: – E uno! – il servo lasciò il piatto e si ritirò spaventato.
Entrò il secondo servo, e sentí quella voce che pareva venisse di sottoterra: – E due! – e scappò via anche lui.

Entrò il terzo: – E tre!
40 I servi si consultarono: – Ormai siamo scoperti, se l'astrologo ci accusa al Re, siamo spacciati.
Cosí decisero d'andare dall'astrologo e confessargli il furto. Noi siamo povera gente, – gli fecero, – e se dite al Re quel che avete scoperto, siamo perduti.
45 Eccovi questa borsa d'oro: vi preghiamo di non tradirci.
Gàmbara prese la borsa e disse: – Io non vi tradirò, però voi fate quel che vi dico. Prendete l'anello e fatelo
50 inghiottire a quel tacchino che c'è laggiú in cortile. Poi lasciate fare a me.
Il giorno dopo Gàmbara si presentò al Re e gli disse che dopo lunghi
55 studi era riuscito a sapere dov'era l'anello.
– E dov'è?
– L'ha inghiottito un tacchino.
Fu sventrato il tacchino e si trovò
60 l'anello. Il Re colmò di ricchezze l'astrologo e diede un pranzo in suo onore, con tutti i Conti, i Marchesi, i Baroni e i Grandi del Regno.
Tra le tante pietanze fu portato in tavola un piatto di gamberi. Bisogna sapere che in quel paese non si conosceva-
65 no i gamberi, e quella era la prima volta che se ne vedevano, regalo d'un Re d'altro paese.
– Tu che sei astrologo, – disse il Re al contadino, – dovresti sapermi dire come si chiamano questi che sono qui nel piatto.
70 Il poveretto di bestie cosí non ne aveva mai viste né sentite nominare. E disse tra sé, a mezza voce: – Ah, Gàmbara, Gàmbara. Sei finito male.
– Bravo! – disse il Re, che non sapeva il vero nome del contadino. – Hai indovinato: quello è il nome: gamberi! Sei
75 il piú grande astrologo del mondo.

Fonte: Fiabe italiane by Italo Calvino. Copyright © 1956, Giulio Einaudi editore, s.p.a., used by permission of The Wylie Agency (UK) Limited

13 scartabellare *durchblättern* 23 l'occhiataccia *der argwöhnische Blick* 27 la riverenza *der Knicks* 31 fare cascare in un inganno *qn jdn überlisten* 41 spacciato/-a *verloren* 50 inghiottire *verschlucken* 54 sventrare *herausnehmen* 63 la pietanza *die Speise*

1 Leggi il testo. Quali delle frasi riassumono il contenuto del testo?

☐ I servi sono in pericolo.   ☐ Un povero diventa astrologo per caso.
☐ Un vero astrologo trova la verità.   ☐ I servi cercano l'anello.

2 I tuoi genitori si interessano al testo che stai leggendo. Riassumi la leggenda in tedesco.   ▶ Sprachmittlung, p. 145

3 Mettetevi in gruppi di almeno cinque persone e create un freeze frame delle scene più importanti.

4 Atteggiamenti tra nord e sud

AUTOCONTROLLO 4

1 Trova per ogni sostantivo un aggettivo adatto.

> biologico/-a   locale   mafioso/-a   rurale   navale   internazionale
> alimentare   specializzato/-a

1. l'economia _____
2. il boss _____
3. l'industria _____
4. il livello _____
5. l'agricoltura _____
6. la fabbrica _____
7. il settore _____
8. la zona _____

2 Metti le frasi dal discorso diretto al discorso indiretto.

> Una telefonata spiata:
> **Andrea:** Ciao Claudia, che cosa fai martedì sera?
> **Claudia:** Guarda, sono libera. Negli ultimi tempi non vedo più le mie amiche.
> **Andrea:** Come mai? Sei particolarmente stanca?
> **Claudia:** No, è che con loro non mi diverto più. Non organizzano mai niente.
> **Andrea:** Ti capisco. La settimana scorsa ho visto i miei compagni di scuola, ma è stata una serata noiosissima…
> **Claudia:** Appunto, vorrei trovare nuovi stimoli.
> **Andrea:** Ascolta, avrei voglia di andare al cinema, è uscito l'ultimo film di Sorrentino.
> **Claudia:** Non possiamo vedere qualcos'altro? Ho due biglietti per il teatro…
> **Andrea:** Ok, d'accordo.

Una settimana dopo la sorella di Andrea racconta agli amici del fratello:

_____
_____
_____
_____
_____
_____
_____
_____
_____
_____

Atteggiamenti tra nord e sud

3 Lorenzo parla di sport con il suo amico tedesco Levi. Abbina le sue frasi.

Gli italiani amano seguire	a	1	ha raggiunto successi internazionali.
La squadra italiana di pallavolo	b	2	perché ha vinto la loro squadra.
Negli anni '50 il ciclista Fausto Coppi	c	3	è diventato una vera passione.
Per tante persone andare in mountain bike	d	4	è un nome conosciuto in tutto il mondo.
Oggi i tifosi del Napoli sono contenti	e	5	in televisione le partite delle varie squadre.
Ancora oggi la Scuderia Ferrari	f	6	ha vinto tre volte l'Oscar del calcio in Italia.
Tra il 2012 e il 2014 Andrea Pirlo	g	7	è diventato un idolo popolare.

4 Per la scuola Anna deve fare una ricerca sul Bologna Football Club. Inserisci le espressioni mancanti nel suo testo.

> all'ultimo secolo   del 1909   una sessantina d'anni fa   nel XX secolo
> agli anni '30 e '40   dal 1983   in quell'anno

_____ il Bologna FBC è stata una delle squadre più famose d'Italia. Ufficialmente la squadra è nata nell'ottobre _____ nella birreria Ronzani a Bologna. I successi più grandi del Bologna risalgono _____: infatti i calciatori „rosso-blu" in quel ventennio[1] hanno vinto 4 scudetti. E _____, nel 1964, il Bologna ha vinto il suo settimo e finora ultimo scudetto, in una partita contro l'Inter a Roma. _____ la star della squadra era proprio un giocatore tedesco di nome Helmut Haller. Ma benché la fama della squadra risalga _____, la passione dei tifosi bolognesi anche oggi non si è spenta. Riempiono regolarmente lo stadio di Bologna che _____ si chiama Stadio Renato Dall'Ara, in memoria di un famoso Presidente del club.

[1] il ventennio *zwei Jahrzehnte, zwanzig Jahre*

5 Lena scrive un'e-mail alla sua amica italiana Valentina. Trova i suoi errori e scrivi la versione corretta.

Testo	Correzione
Ciao Vale! Come vai (1)? Ieri con i ragazzi siamo andati a giocare beach volley (2) e ci siamo divertito (3) un sacco! Ci sono alcune spiaggie (4) con campi per il beach volley, ci (5) n'è una anche accanto a (6) nostro albergo. Così quando no (7) fa troppo caldo, andiamo a giocare una partita. E poi dopo si fa il bagno. Che bella vacanza davero (8)! Spero che anche tu stai (8) bene! Un abbraccio, Lena	_____

APPENDICE

SCHEDA PER GIOCHI DI RUOLO **63**

TANDEM **67**

RIPASSO DI GRAMMATICA **71**

Qui puoi ripassare la grammatica di Ecco più 1+2, metodo di italiano.

IL VERBO PIACERE 71
I VERBI CON PREPOSIZIONI 71
I NUMERI ORDINALI 72
IL PASSATO PROSSIMO E L'IMPERFETTO 72
I PRONOMI / GLI AGGETTIVI POSSESSIVI 74
IL CONGIUNTIVO PRESENTE 74
I PRONOMI DIRETTI/INDIRETTI 75
GLI AGGETTIVI 76
IL SUPERLATIVO / IL COMPARATIVO 77
LA NEGAZIONE 78
IL FUTURO 78

LÖSUNGEN **79**

SCHEDA PER GIOCHI DI RUOLO 1+2

Unità 1

Inizia tu. Descrivi al tuo compagno/alla tua compagna questa immagine. Cerca di dare il maggior numero di informazioni possibili.

Unità 1

Adesso il tuo/la tua partner ti descrive un'immagine. Ascolta bene e marca la risposta corretta. Quindi chiedigli/-le le cose che non sai.

	V	F	Non so.
Nella foto si vedono le montagne con la neve.	☐	☐	☐
Ci sono delle persone che stanno sciando.	☐	☐	☐
Al centro c'è un lago.	☐	☐	☐
Una donna è seduta in primo piano.	☐	☐	☐
Si vedono due persone che stanno facendo una passeggiata.	☐	☐	☐
La donna ha un ombrello blu.	☐	☐	☐

Unità 2

Vorresti andare a studiare per un anno in un altro paese. I tuoi amici vogliono convincerti a rimanere a casa.

Prepara degli argomenti con l'aiuto dei seguenti appunti per spiegare la tua decisione.

– *vivere con/in una famiglia*
– *prima della maturità*
– *non perdere un anno scolastico perché frequentare la scuola anche lì*
– *conoscere gente della stessa età*
– *poter viaggiare*
– *cambiare la famiglia se esserci dei problemi*

Scrivi qui sotto delle espressioni utili:

_____

_____

_____

Unità 2

Vorresti fare un servizio di volontariato in un altro paese. I tuoi amici vogliono convincerti a rimanere a casa.

Prepara degli argomenti con l'aiuto dei seguenti appunti per spiegare la tua decisione.

– *fare qualcosa per gli altri*
– *vivere la realtà di un altro paese*
– *poter dare qualcosa di te*
– *fare delle esperienze importanti*
– *poter vivere in una famiglia*
– *non essere un turista, ma uno del posto*

Scrivi qui sotto delle espressioni utili:

_____

_____

_____

Scheda per giochi di ruolo

SCHEDA PER GIOCHI DI RUOLO UNITÀ 1+2

Unità 1

A comincia. Ti descrive un'immagine. Ascolta bene e marca la risposta corretta. Quindi chiedigli/-le le cose che non sai.

	V	F	Non so.
In primo piano ci sono due sedie e un tavolo.	☐	☐	☐
Le sedie sono rosse, il tavolo è bianco.	☐	☐	☐
Sul tavolo c'è una bottiglia di vino.	☐	☐	☐
Accanto alla bottiglia si possono vedere tre bicchieri.	☐	☐	☐
Sullo sfondo ci sono due case e tanti alberi.	☐	☐	☐
Gli alberi sono tutti uguali.	☐	☐	☐

Unità 1

Adesso tocca a te. Descrivi al partner **A** quest'immagine. Dagli/Dalle tutte le informazioni possibili.

Unità 2

Vorresti fare uno stage come guida turistica in un museo tedesco per praticare il tuo italiano e il tuo francese. I tuoi amici ti chiedono perché non vai in Italia o in Francia a praticare la lingua. Prepara degli argomenti con l'aiuto dei seguenti appunti per spiegare la tua decisione.

– non dovere cambiare casa o paese
– poter parlare tedesco quando ritornare a casa
– rimanere vicino alla famiglia e agli amici
– conoscere gente di tanti paesi diversi
– guadagnare un po' di soldi e fare nuove esperienze

Scrivi qui sotto le espressioni utili:

_____

_____

_____

Unità 2

Vorresti andare in un altro paese a lavorare alla pari. I tuoi amici vogliono convincerti a rimanere a casa.

Prepara degli argomenti con l'aiuto dei seguenti appunti per spiegare la tua decisione.

– guadagnare un po' di soldi
– lavorare con i bambini
– avere del tempo libero
– andare in vacanza con la tua famiglia
– fare un'esperienza lavorativa
– imparare cose molto pratiche

Scrivi qui sotto le espressioni utili:

_____

_____

_____

SCHEDA PER GIOCHI DI RUOLO UNITÀ 3+4

Unità 3

Devi scrivere un articolo per il giornalino della scuola sull'impegno dei giovani in zone colpite da catastrofi. Decidi di intervistare alcuni studenti della tua scuola. Spiega al tuo/alla tua partner perché fai questa intervista e di che cosa si tratta. Chiedigli/-le:

- *se fa anche lui/lei un lavoretto,*
- *se lavora, perché lo fa e di che cosa si occupa,*
- *se studia soltanto, chiedigli/-le perché non fa un'esperienza di volontariato,*
- *se conosce associazioni di volontari che aiutano la gente in zone colpite da catastrofi naturali come terremoti o alluvioni,*
- *se si è già trovato/-a in un paese colpito da una catastrofe,*
- *come reagirebbe lui/lei in una situazione di forte emergenza.*

Unità 4

Stai facendo uno stage presso l'organizzazione di volontariato Aprimondo che offre diverse attività per migranti.

Lavori all'ufficio informazioni. Uno studente ti telefona perché vuole organizzare una visita la prima settimana di luglio. Rispondi alla chiamata, saluta, ascolta le domande e rispondi.

Quello che devi chiedere è:

- il numero degli studenti e degli insegnanti accompagnatori,
- l'età degli studenti,
- l'indirizzo e il numero di telefono dell'istituto,
- il giorno della visita.

Orari a disposizione per visite di gruppo nella prima settimana di luglio:

lunedì: chiuso
martedì: h. 11.30 / 16.00 / 17.00
mercoledì: h. 10.00
giovedì: h. 09.00
venerdì: non ci sono visite di gruppo
sabato: h. 09.00 / 12.00
attività inclusa: visita della sede di Aprimondo
lingue: italiano, inglese, francese, tedesco
prezzo: 90 € per gruppi di almeno 18 persone (sotto i 18 anni)

Scheda per giochi di ruolo

SCHEDA PER GIOCHI DI RUOLO UNITÀ 3+4

Unità 3

Il tuo/La tua partner inizia. Prepara le tue risposte:

Tu lavori parallelamente alla scuola o no? Se sì, che cosa fai esattamente? Se no, hai già pensato a fare un'esperienza di volontariato?

_____
_____
_____

Conosci delle associazioni che aiutano la gente nelle zone colpite da terremoti o da alluvioni? Quali?

_____
_____
_____

Ti sei già trovato/-a in una situazione di emergenza? Come hai reagito?

_____
_____
_____

Unità 4

Per il vostro viaggio a Bologna stai organizzando una visita guidata al centro di volontariato Aprimondo per venire a sapere tutto quello che offrono ai migranti. Siete 29 studenti tra i 15 e i 16 anni. Vi accompagneranno la prof di latino e il prof di storia. Vorreste organizzare la gita durante la prima settimana di luglio. Dato che parli italiano, ti tocca chiamare e chiedere alcune informazioni riguardo alla visita e alla prenotazione.

Devi domandare le seguenti cose:
– l'orario di apertura del centro,
– il prezzo per un gruppo,
– le attività offerte ai gruppi,
– in che giorno fare la visita di gruppo.

Programma di viaggio:

9.00–11.00 h	arrivo				
11.00–13.00 h		visita guidata attraverso la città	escursione in bicicletta	mostra di pittura, incontro con l'artista	
13.00–15.00 h					festa cittadina
15.00–17.00 h	visita al Duomo				
17.00–19.00 h					
19.00–?		cinema	teatro		

TANDEM UNITÀ 1

In questo esercizio devi inserire le forme verbali corrette (congiuntivo imperfetto, passato prossimo e indicativo imperfetto).

Paolo e Lorenzo si incontrano dopo le vacanze:

A	B
Com'è andato il tuo giro attraverso l'Italia?	Come **andare** il tuo giro attraverso l'Italia?
Alla grande, tu già **sentire** che cosa mi è successo…?	Alla grande, hai già sentito che cosa mi è successo…?
Racconta! Che cosa hai fatto?	Racconta! Che cosa **tu fare**?
Allora, **noi partire** in macchina, **noi essere** in quattro. Mentre **noi stare** attraversando le Alpi, **arrivare** la neve.	Allora, siamo partiti in macchina, eravamo in quattro. Mentre stavamo attraversando le Alpi, è arrivata la neve.
Mamma mia… pensavo che anche in montagna facesse caldo. Ma la neve a giugno?	Mamma mia… **pensare** che anche in montagna **fare** caldo. Ma la neve a giugno?
E ovviamente **noi** non **avere** né maglioni né giacche! In ogni caso, noi arrivare a Trento e **subito noi andare** in albergo a bere qualcosa. **Noi avere** un freddo…	E ovviamente non avevamo né maglioni né giacche! In ogni caso, siamo arrivati a Trento e siamo subito andati in albergo a bere qualcosa. Avevamo un freddo…
Neanche gli altri pensavano che ci fosse la neve? E a Trento che cosa avete visto?	Neanche gli altri **pensare** che **esserci** la neve? E a Trento che cosa **voi vedere**?
Non **noi essere** lontani dal centro, quindi **noi parcheggiare** la macchina e **noi andare** in giro a piedi.	Non eravamo lontani dal centro, quindi abbiamo parcheggiato la macchina e siamo andati in giro a piedi.
E che cosa avete visto?	E che cosa **voi vedere**?
Noi visitare il Castello del Buonconsiglio, il Duomo, la chiesa di San Lorenzo…	Abbiamo visitato il Castello del Buonconsiglio, il Duomo, la chiesa di San Lorenzo…
E siete andati ai laghi?	E **voi andare** ai laghi?
Guarda, **avere** paura che **visitare** solo chiese, cattedrali e altre cose culturali. Ma **convincere** gli altri a passare un po' di tempo al lago di Lagolo. **Essere** bellissimo.	Guarda, avevo paura che visitassimo solo chiese, cattedrali e altre cose culturali. Ma ho convinto gli altri a passare un po' di tempo al lago di Lagolo. Era bellissimo.
Che fortuna! E come ti sentivi prima di partire? Avevi paura che le vacanze fossero stressanti?	Che fortuna! E come **sentirsi** prima di partire? **Avere** paura prima di partire che le vacanze **essere** stressanti?
All'inizio sì. Però, come **io farlo** quest'anno, lo posso rifare l'anno prossimo.	All'inizio sì. Però, come l'ho fatto quest'anno, lo posso rifare l'anno prossimo.

TANDEM UNITÀ 2

Qui in coppia potete esercitare il condizionale presente. Un tuo amico italiano / Una tua amica italiana vuole andare in Costa Rica per un anno e tu vuoi sapere il perché.

A	B
Du möchtest wissen, warum dein Freund / deine Freundin so fröhlich ist.	E tu, perché sei così contento/-a?
I miei genitori sono d'accordo con la mia idea di passare un anno in Costa Rica.	Du erklärst, dass deine Eltern mit deiner Idee, ein Schuljahr in Costa Rica zu verbringen, einverstanden sind.
Waaas? Du würdest ein Jahr in einem Land leben, das so weit weg ist?	Cosa? Vivresti un anno in un paese tanto lontano?
Sì, certo, mi piacerebbe conoscere il Costa Rica, e inoltre ho una parte della mia famiglia là, i miei zii.	Ja, klar, du würdest gerne Costa Rica kennenlernen und du hast ja Familie dort (Tante und Onkel).
Aber du würdest ja ein ganzes Schuljahr verpassen hier in Italien!	Però perderesti un anno di scuola qui in Italia!
Sì, è vero, però conoscerei nuovi amici e un altro paese e parlerei due lingue.	Ja, stimmt, aber ich würde neue Freunde und ein neues Land kennenlernen und zwei Sprachen sprechen.
Zwei Sprachen? Wieso?	Due lingue? Perché?
Sì, perché in Costa Rica si parla spagnolo, però anche molto inglese e ci sono tante scuole bilingui.	Ja, weil man in Costa Rica Spanisch spricht, aber auch viel Englisch und es gibt viele zweisprachige Schulen.
Und wäre es nicht gefährlich, allein in Lateinamerika zu sein?	Non sarebbe pericoloso stare da solo in America Latina?
Ma no! Il Costa Rica è uno dei paesi più sicuri al mondo, lì potrei viaggiare da solo/-a senza problemi.	Aber nein, Costa Rica ist eines der sichersten Länder der Welt, ich könnte dort ohne Probleme alleine reisen.
Ein Jahr ist sehr lang. Wäre es nicht besser, nur sechs Monate dort zu verbringen?	Un anno è molto lungo. Non sarebbe meglio passare là solo sei mesi?
In sei mesi non imparerei bene lo spagnolo e, a causa della scuola, non potrei vedere molto del paese.	In sechs Monaten würde ich nicht so gut Spanisch lernen und wegen der Schule könnte ich vom Land auch nicht viel sehen.
Ich sehe schon, du könntest ohne Costa Rica nicht leben. Ich werde dich total vermissen. Rufst du mich mal an?	Capisco, non potresti vivere senza il Costa Rica. Mi mancherai tantissimo. Mi telefonerai?
Ma certo! Ti potrei mandare delle foto e tu potresti addirittura venire a trovarmi!	Klar doch! Ich könnte dir Fotos schicken und du könntest mich sogar besuchen kommen!

TANDEM UNITÀ 3

Inserisci le forme verbali corrette, attenzione al condizionale passato. Manu e Dario parlano del loro amico Roberto e della sua avventura da stagista.

A	B
Hai sentito che Roberto ha fatto uno stage presso quella famosa azienda che produce automobili?	**Tu sentire** che Roberto **fare** uno stage presso quella famosa azienda che produce automobili?
Sì, e onestamente, al posto suo non **io farlo mai**.	Sì, e onestamente, al posto suo non l'avrei mai fatto.
Perché? Pensi che sia stato davvero brutto?	Perché? Pensi che **essere** davvero brutto?
Da quello che mi **lui dire**, **lui passare** un mese a fare fotocopie. Se **saperlo**, non **scegliere mai** questo posto di lavoro.	Da quello che mi ha detto, ha passato un mese a fare fotocopie. Se l'avesse saputo, non avrebbe mai scelto questo posto di lavoro.
Io probabilmente avrei cercato di cambiare ufficio.	Io probabilmente **cercare** di cambiare ufficio.
E dove **tu andare**?	E dove saresti andato?
Ma, non so, avrei cercato di conoscere altre persone e quindi, pur rimanendo all'interno della stessa azienda, sarei riuscito alla fine a cambiare ufficio.	Ma, non so, **io cercare** di conoscere altre persone e quindi, pur rimanendo all'interno della stessa azienda, **io riuscire** alla fine a cambiare ufficio.
Tu avere davvero così tanto coraggio?	Avresti avuto davvero così tanto coraggio?
Perché no, avrei voluto fare delle esperienze nuove. Non avrei avuto voglia di fare fotocopie tutto il tempo.	Perché no, **volere** fare delle esperienze nuove. Non **avere** voglia di fare fotocopie tutto il tempo.
Ho capito, però, per un mese, tu **potere** accettare la situazione.	Ho capito, però, per un mese, avresti potuto accettare la situazione.
Allora non avrei imparato nulla, esattamente come Roberto.	Allora non **io imparare** nulla, esattamente come Roberto.
Non so, io credo che **non dire niente**.	Non so, io credo che non avrei detto niente.
In ogni caso, lo stage di Roberto è finito. E probabilmente per lui non è stato problematico, altrimenti avrebbe detto qualcosa.	In ogni caso, lo stage di Roberto è finito. E probabilmente per lui non essere problematico, altrimenti **lui dire** qualcosa.

TANDEM UNITÀ 4

In questo esercizio utilizzerai tutte le forme verbali che hai imparato negli ultimi tre anni.

Parli con un tuo amico italiano / una tua amica italiana di quello che farete dopo la scuola.

A	B
Che cosa farai dopo la maturità?	Che cosa **fare** dopo la maturità?
Ancora non lo so. I miei genitori **volere** che **io fare** l'università, ma onestamente mi **piacere** fare qualcos'altro.	Ancora non lo so. I miei genitori vorrebbero che facessi l'università, ma onestamente mi piacerebbe fare qualcos'altro.
E si arrabbierebbero molto, se tu facessi qualcos'altro prima di iniziare l'università?	E **loro arrabbiarsi** molto, se tu **fare** qualcos'altro prima di iniziare l'università?
No, non credo che **loro arrabbiarsi**. Dopo che mio fratello – dieci anni fa – **finire** la scuola non **iniziare** subito l'università. E loro comunque non **dire** nulla.	No, non credo che si arrabbino. Dopo che mio fratello – dieci anni fa – aveva finito la scuola non ha iniziato subito l'università. E loro comunque non hanno detto nulla.
E che cosa ha fatto tuo fratello quando ha finito la scuola?	E che cosa **fare** tuo fratello quando **finire** la scuola?
Lui scegliere di entrare in una ONG come volontario e quindi **lui essere** in vari paesi africani.	Ha scelto di entrare in una ONG come volontario e quindi è stato in vari paesi africani.
Che bello! Mi piacerebbe fare una cosa del genere, ma forse mi mancherebbero i miei amici…	Che bello! Mi **piacere** fare una cosa del genere, ma forse mi **mancare** i miei amici…
E allora dove **tu volere** andare?	E allora dove vorresti andare?
Ma, magari resterei in Europa e cercherei di aiutare i profughi[1] nei centri di accoglienza.	Ma, magari **io restare** in Europa e **io cercare** di aiutare i profughi nei centri di accoglienza.
Ma **tu prendere** delle informazioni? **Esserci** mille possibilità per trovare un volontariato del genere…	Ma hai già preso delle informazioni? Ci sono mille possibilità per trovare un volontariato del genere…
Beh, sì, ho già guardato le pagine web di alcune organizzazioni. Ma non ho ancora trovato la cosa giusta per me.	Beh, sì, **io guardare** le pagine web di alcune organizzazioni. Ma **non trovare ancora** la cosa giusta per me.
Allora **credere** che mio fratello **avere** qualche consiglio da darti. **Chiedere a lui domani**.	Allora credo che mio fratello abbia qualche consiglio da darti. Glielo chiederò domani.
Ti ringrazio di cuore! Fammi sapere, se ci sono delle novità.	Ti **io ringraziare** di cuore! **Tu a me fare** sapere, se **esserci** delle novità.
Sì certo, adesso però **noi cercare** di studiare per la maturità.	Sì certo, adesso però cerchiamo di studiare per la maturità.

RIPASSO DI GRAMMATICA

IL VERBO PIACERE

1 Dimmi che cosa ti piace. Formula delle frasi con il verbo piacere. ☺ → piacere, ☹ → non piacere

Esempio: Voi (☺) la nutella? → Vi piace la nutella?

1 Tu (☺) andare al cinema? _____

2 Io (☺) di più andare a teatro. _____

3 Se due persone (☹) le stesse cose, secondo te possono andare d'accordo?
_____

4 tuoi genitori (☺) la musica rock? _____

5 Noi (☹) i romanzi d'amore. _____

6 Io (☺) molto leggere, ma (☹) camminare.
_____

I VERBI CON PREPOSIZIONI

2 a Abbina la preposizione corretta ai verbi seguenti e scrivi le combinazioni nelle caselle.

accorgersi
assomigliare
fidarsi
cominciare
smettere
permettere
preoccuparsi
riuscire
lamentarsi

a

di

b Completa le seguenti frasi utilizzando i verbi dell'esercizio 2a.

1. Mia figlia _____ a suo fratello.

2. Bruno _____ del freddo. Non gli piace.

3. I miei genitori non _____ di uscire troppo tardi.

4. Le mamme _____ dei loro figli.

5. Maria non _____ mai a prendere un bel voto in matematica.

6. Marco non _____ più di suo fratello perché ha raccontato il suo segreto agli altri.

7. Mio fratello _____ a imparare l'inglese.

8. Laura _____ di aver dimenticato il libro a casa.

9. La mia amica _____ di suonare il pianoforte perché non le piace più.

Ripasso di grammatica

I NUMERI ORDINALI

3 Un giorno quasi normale in via Piffetti 22, nel centro di Torino. Che cosa succede in ogni piano? Scrivi i numeri ordinali in lettere.

1. Al _____ piano ci sono due bambini che giocano.
2. Al _____ piano una donna sta cucinando.
3. Al _____ piano un ragazzo gioca alla play station.
4. Al _____ piano un cane sta dormendo.
5. Al _____ piano una famiglia di cinque persone sta mangiando intorno al tavolo.
6. Al _____ piano una ragazza sta telefonando al suo ragazzo.
7. Al _____ piano tre ragazze si preparano per uscire.
8. All'_____ piano un ragazzo si sta preparando per uscire.
9. Al _____ piano un uomo legge il giornale.
10. Al _____ piano stanno tutti dormendo.

IL PASSATO PROSSIMO E L'IMPERFETTO

4 Completa la tabella con le forme di passato prossimo e imperfetto.

	ballare		vendere	
	imperfetto	passato prossimo	imperfetto	passato prossimo
⚀	_____	_____	_____	_____
⚁	_____	_____	_____	_____
⚂	_____	_____	_____	_____
⚃	_____	_____	_____	_____
⚄	_____	_____	_____	_____
⚅	_____	_____	_____	_____

5 Leo scrive un'e-mail al suo amico. Completa il suo testo con le forme corrette all'imperfetto o al passato prossimo.

Ehilà! La scorsa settimana _____ a Roma con la scuola. — *essere*

Mentre i prof _____ in coda per entrare nel museo, noi — *stare*

_____ le statue. Davanti al museo _____ una bellissima ragazza — *fotografare / conoscere, io*

di nome Luisa, che _____ in una libreria in via Veneto – come

_____ più tardi. Tutti mi _____ che quella libreria — *lavorare / sapere, io*

_____ famosissima per il suo edificio — *dire / essere*

suggestivo. Inoltre _____ che quella ragazza _____ dei romanzi. *sapere, io / scrivere*

All'inizio non _____ come cominciare a parlare con lei e adesso è la mia ragazza, *sapere*

che amo molto.

Un abbraccio, Leo

6 Imperfetto o passato prossimo? Sottolinea la forma corretta del verbo.

1. Luisa **stava / è stata** lavorando quando **conosceva / ha conosciuto** Leo.

2. Lei **sapeva / ha saputo** scrivere dei romanzi.

3. Leo non **ha saputo / sapeva** che cosa dirle per conoscerla. Alla fine le **diceva / ha detto** soltanto "Ehilà, come stai?"

4. Luisa **decideva / ha deciso** di uscire con lui perché le **era / è stato** molto simpatico.

7 Completa il seguente dialogo con le forme corrette dell'imperfetto o del passato prossimo.

Luisa si trova al bar con la sua amica Marilena.

Marilena: Allora, dimmi, che cosa _____ (*fare*) ieri?

Luisa: _____ (*andare*) con Leo in una bellissima spiaggia, il Porteghetto. Non la _____ (*conoscere* / noi), mia madre ci _____ (*consigliare*) di andarci.

Marilena: Davvero non _____ (*essere mai*) al Porteghetto? È una spiaggia famosissima in Liguria!

Luisa: E tu che _____ (*fare*) in questi giorni?

Marilena: _____ (*studiare*) tanto, non _____ (*uscire*) di casa.

Luisa: _____ (*riuscire* / tu) a fare tutto quello che _____ (*volere*)?

Marilena: Beh, mi manca qualcosa... Ogni tanto, alla sera, _____ (*uscire*) con Carlo... In alcuni momenti non _____ (*potere*) più vedere i libri... E poi Carlo mi _____ (*chiamare*) e mi _____ (*dire*) che _____ (*essere*) annoiato perché tutti i suoi amici _____ (*essere*) in vacanza e che _____ (*volere*) andare al cine, o a mangiare la pizza, o a fare una passeggiata... E così ogni tanto _____ (*uscire*) insieme.

Luisa: Vabbè, vedrai che l'esame andrà comunque bene, non preoccuparti!

Ripasso di grammatica

8 Completa il seguente cruciverba con i participi passati irregolari.

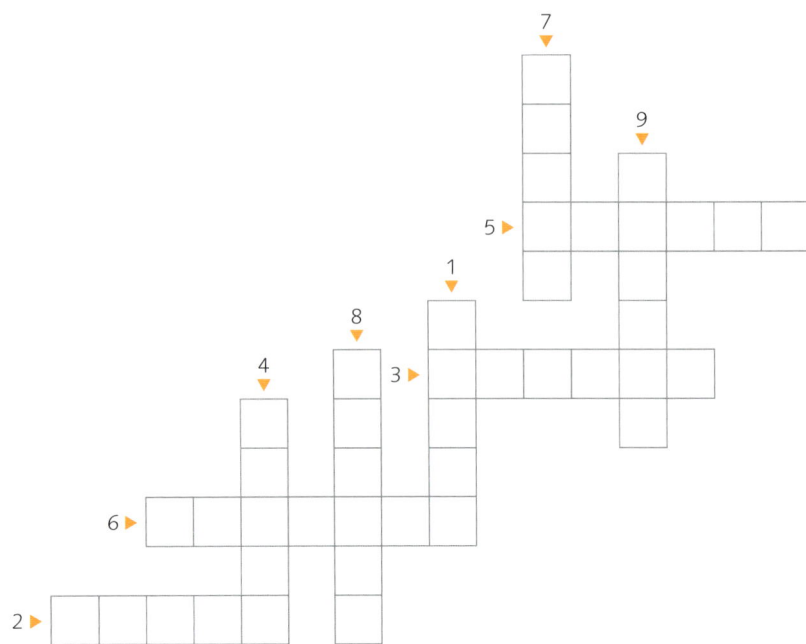

Ciao Luisa, che hai **1** (*fare*) ieri? – Te l'ho **2** (*dire*) prima, sono **3** (*andare*) al cine con Leo. E che cosa avete **4** (*vedere*)? – Leo ha **5** (*scegliere*) un film bruttissimo. Era la storia di un uomo che ha **6** (*vivere*) per tanti anni su un'isola deserta. Poi ho **7** (*prendere*) un bicchiere di coca, ma mi è **8** (*cadere*). Alla fine ho **9** (*bere*) la coca di Leo.

I PRONOMI / GLI AGGETTIVI POSSESSIVI

9 Di chi è che cosa? Completa il dialogo con i pronomi o gli aggettivi possessivi. Attenzione agli articoli e alle preposizioni.

1. Dario: Roberto, questo è _____ zaino?

   Roberto: No, _____ è quello verde.

2. Manu: Quelli là sono gli occhiali di Giorgia?

   Roberto: No, _____ sono in borsa.

3. Dario: Robi, _____ genitori non vogliono farci uscire stasera. Puoi dire _____

   di provare a convincerli?

   Roberto: I _____ non sono d'accordo, mi dispiace! Non posso farlo.

4. Dario: _____ sorella può sempre uscire quando vuole, non lo capisco…

   Roberto: Vero? Io posso sempre uscire con _____ fratello e _____ amici.

IL CONGIUNTIVO PRESENTE

10 Cerca le forme del congiuntivo presente e scrivile con il pronome personale corrispondente. Poi scrivi l'infinito.

Esempio: vada (io, tu, lei) andare

Ripasso di grammatica

11 Inserisci nelle seguenti frasi l'indicativo o il congiuntivo presente.

1. Non credo che tu _____ (*potere*) venire, sebbene lo _____ (*volere*/noi) tutti.

2. Penso che i tuoi genitori _____ (*dire*) che devi fare i compiti, anche se non ne _____ (*avere*/tu) voglia.

3. Spero che _____ (*finire*/tu) in fretta e che ci _____ (*potere*) incontrare al parco.

4. Penso che _____ (*vedersi*) più tardi. Ti _____ (*aspettare*/noi) allora.

5. Se tu _____ (*avere*) bisogno di aiuto, _____ (*esserci*) Giuseppe che _____ (*potere*) aiutarti, perché _____ (*essere*) davvero bravo in matematica.

6. Cerca di fare in fretta, affinché _____ (*potere*/noi) vederci al più presto e organizzare una partita di calcio.

I PRONOMI DIRETTI/INDIRETTI

12 a Esci con degli amici italiani. Abbina le risposte alle domande in modo corretto. Attenzione ai pronomi.

Hai preso gli occhiali da sole? **1**   **a** Sì, li ho presi e li ho messi in borsa.
Non prendi il tuo cellulare? **2**   **b** La prendo domani.
Sapete se vengono anche le nostre prof? **3**   **c** No, lo lascio a casa, così non lo perdo.
Ah, Giorgio, hai lasciato la tua giacca a casa mia. **4**   **d** Le ho viste alla fermata del tram.

b Adesso tocca a te! Inserisci il pronome diretto corretto.

1. – Quando è che Rosi ti restituisce il tuo libro?
   – Me _____ dà domani.

2. – Chi ti aiuta a fare gli esercizi di mate, tuo fratello? – No, non _____ capisce neanche lui.

3. – Hai visto il film di Tarantino? – _____ vado a vedere domani sera.

4. – E le serie televisive? – No, quelle non _____ guardo.

5. – Mangi volentieri la pizza? – Sì, però _____ mangio soltanto la sera.

c Inserisci il pronome diretto con il passato prossimo, con l'infinito o con l'imperativo.

1. – Hai trovato le tue scarpe? – No, non _____ _____.

2. – Hai pagato tanto per i pantaloni? – No, _____ (*comprare*) in offerta.

3. – Hai controllato l'orario delle lezioni? – Sì, _____ ieri.

4. – Vedi questo libro sul tavolo? Allora puoi _____ (*portare*/a me)?

5. – Ho lasciato la mia maglietta a casa tua. Per favore _____ (*portare*/a me) stasera!

Ripasso di grammatica

6. Ok, _____ (dire / a me) quando arrivi, _____ (dire / a me) al più presto.

7. Hai del pane in casa? No, _____ (portare / a me), così non devo _____ (comprare).

13 A scuola si organizza una gita. Rispondi alle domande usando i pronomi combinati.

1. – Chi porta le foto al preside? – _____ porto io.

2. – E chi prepara l'album fotografico per noi? – _____ preparo io.

3. – Giorgia, mi daresti la tua maglia? Ho freddo. – Certo. _____ do subito.

4. – Chi mi dà questo libro? – _____ do io.

GLI AGGETTIVI

14 La posizione degli aggettivi. Decidi se l'aggettivo sta davanti o dopo il sostantivo e inseriscilo in modo corretto.

1. Roberto è un _____ ragazzo _____ nella mia classe. (nuovo/-a)

2. Ti presento anche Emanuela, una _____ amica _____. (vecchio/-a)

3. La _____ ragazza _____ (piccolo/-a) è mia sorella. E quel/quell' _____ ragazzo _____ (alto/-a) è il suo fidanzato.

4. È chi è il _____ ragazzo _____ lì? (bello/-a)

5. Ah lui si chiama Loris – è un _____ ragazzo _____. (molto simpatico/-a)

6. E la ragazza dai _____ capelli _____? (lungo/-a) Lei si chiama Elisabetta. Con lei ho fatto un _____ viaggio _____ a Barcelona. (breve)

Ripasso di grammatica

IL SUPERLATIVO E IL COMPARATIVO

15 Paragona le seguenti squadre di calcio completando le frasi con il comparativo e il superlativo degli avverbi e degli aggettivi di buono e cattivo.

Il Milan gioca	(= buono) _____	come l'Inter.
	(= cattivo) _____	
	(> buono) _____	dell'Inter.
	(> cattivo) _____	
il Bayern è la	(buona) _____	squadra in Germania.
	(cattiva) _____	

16 Completa il testo con le forme del superlativo relativo.

Secondo me la Sicilia è una regione fantastica, la regione _____ del   *+ interessante*

sud. I suoi piatti sono i _____ della cucina italiana e la frutta è la   *+ buono/-a*

_____ di tutto il Mediterraneo. Inoltre è la regione _____ di   *+ dolce – + ricco/-a*

storia, rispetto alle tante regioni della Magna Grecia, e comunque la _____.   *– caro/-a*

17 Con un tuo amico italiano stai parlando delle diverse capitali europee. Completa le frasi con il comparativo e con *di* o *che*.

1. Londra è _____ _____ Roma. (+ grande)

2. Berlino è _____ _____ Roma. (– grande)

3. Secondo me Roma è _____ _____ Berlino. (+ bello/-a)

4. A Berlino le persone sono _____ a Roma. (+ interessante)

5. A Roma _____ andare a piedi _____ prendere la macchina. (+ piacere)

6. A Roma _____ linee di metro _____ a Berlino. (– esserci)

7. A Berlino prendere la metro è _____ _____ andare a piedi. (+ facile)

8. A Roma si trovano dei negozi _____ _____ a Berlino. (+ chic)

18 Come sembrano le seguenti cose a Giulia? Usa la forma del superlativo assoluto.

Esempio: Questo libro mi sembra interessantissimo.

_____ (corto/-a)

_____ (bello/-a)

Ripasso di grammatica

_____ (piccolo/-a)

_____ (brutto/-a)

_____ (divertente)

_____ (comodo/-a)

_____ (vecchio/-a)

LA NEGAZIONE

19 Emilia è triste, vediamo perché. Rispondi alle domande con la negazione (non/mai, non/niente, non/nessuno).

Racconta, Emilia: i tuoi amici organizzano delle cose con te? No! I miei amici _____ con me.

Qualche volta esci? Che so, cinema, teatro... No! _____ (andare) al cinema.

E perché non lo proponi? Qualcuno verrà con te. Ogni volta che lo propongo, _____ (venire).

E che cosa vorrebbero fare i tuoi amici? Ho degli amici che _____ voglia di far _____. (avere)

Almeno si scusano con te? No, _____ (dire) una parola di scusa, _____ (avere) da dire.

Ma ogni tanto ci sono? No, _____ (essere) perché devono sempre lavorare o studiare.

E qualcuno ti chiama? No, _____ (esserci) che mi chiama per fare qualcosa.

Ho deciso, cambio città!

IL FUTURO

20 Inserisci nel seguente testo le forme corrette del futuro.

La prossima estate Anna _____ andare negli Stati Uniti. Sicuramente   *potere*

sua madre le _____ mille consigli, ma _____   *dare – essere*

anche curiosa di questa nuova esperienza. Leo _____ sicuramente   *volere*

una cartolina e Giorgia la _____ via skype. Gli amici di Torino   *chiamare*

_____ molto soli senza di lei, ma l'anno _____ in   *sentirsi – passare*

fretta, e presto _____, e _____ mille avventure   *rivedersi – avere*

nuove da raccontare.

LÖSUNGEN

UNITÀ 1 (AUTOCONTROLLO, PP. 13–14)

1 **essere:** fossi, fossi, fosse, fossimo, foste, fossero
andare: andassi, andassi, andasse, andassimo, andaste, andassero
vedere: vedessi, vedessi, vedesse, vedessimo, vedeste, vedessero
dormire: dormissi, dormissi, dormisse, dormissimo, dormiste, dormissero
produrre: producessi, producessi, producesse, producessimo, produceste, producessero
dire: dicessi, dicessi, dicesse, dicessimo, diceste, dicessero
bere: bevessi, bevessi, bevesse, bevessimo, beveste, bevessero

> Wenn du Probleme hattest:
> Schau dir den Punkt 3 im *Riassunto* auf S. 22 an. Mache folgende Übungen: Schülerbuch, S. 16/4–5; Arbeitsheft, S. 9/3.

2 1. si facessero 2. venissero 3. potesse 4. volessero 5. attraversasse 6. potesse 7. coltivasse 8. fossero 9. dicessero 10. bevessero

> Schau dir den Punkt 3 im *Riassunto* auf S. 22 an. Mache folgende Übungen: Schülerbuch, S. 16/4–5; Arbeitsheft, S. 9/3.

3 1. Mi stupisco / Credo che non ci sia stato un incidente. 2. Penso che i turisti siano venuti da lontano per questo evento. 3. Credo che molte persone abbiano speso molti soldi per vedere il Palio. 4. Penso che i cavalli abbiano fatto una bella corsa. 5. Mi stupisco che il governo non abbia abolito questo abuso degli animali. 6. Penso che a Venezia la nave da crociera abbia spaventato i turisti. 7. Credo che il Carnevale sia piaciuto a molti stranieri. 8. Penso che tanta gente sia venuta a Venezia per vedere anche la famosa biennale. 9. Mi stupisco che l'atmosfera a Venezia è stata ancora molto positiva. 10. Credo che i turisti siano arrivati tutti in maschera.

> Schau dir den Punkt 2 im *Riassunto* auf S. 22 an. Mache folgende Übungen: Schülerbuch, S. 13/5; Arbeitsheft, S. 6/5.

4 Ti scrivo da Magonza, una splendida città sul fiume Reno. Ebbene sì, sono **in** Germania, per la prima volta **in** vacanza al Nord! **Benché avessi** paura **del** freddo, devo dire che le temperature sono abbastanza alte. Quando sono arrivata, **prima che diventasse** sera, ho fatto un giro **in** centro. C'è una bella vita qui, con molti ristoranti e posti **per/dove** divertirsi la sera! **Affinché potessi** conoscere davvero bene la città, il giorno successivo ho preso una guida turistica e **dall'**albergo siamo andati fino **alla** chiesa di Santo Stefano. Questo fine settimana sono venuti a trovarmi anche i miei. **Prima che** loro **partano** vogliamo ancora visitare il museo dedicato **al** famoso Johannes Gutenberg. E **benché** non ne **abbia** tanta voglia, mi sono iscritta **a** un corso di tedesco e **dal** lunedì **al** giovedì devo andare a scuola… uffa…

> Siehe dir die Punkte 3 und 5 im *Riassunto* auf S. 22f. an. Mache folgenden Übungen: Schülerbuch, S. 12f./4, S. 13/5; Arbeitsheft, S. 6/4–5.

5 1. Me ne dai un po'? 2. Me la racconti ancora una volta? 3. Ce le mangeremo tutte. 4. Ve lo dico subito. 5. Gliela mando stasera.

> Schaue dir den Punkt 6 im *Riassunto* auf S. 23 an. Mache folgende Übungen: Schülerbuch, S. 15/3; Arbeitsheft, S. 8/2.

UNITÀ 2 (AUTOCONTROLLO, PP. 29–30)

1 1. permettere 2. complicato/-a 3. notare 4. soddisfatto/-a 5. essere diversi 6. prima che 7. la pioggia 8. rientrare 9. distratto/-a 10. la risposta

> Schau dir die Vokabeln in der Wortliste auf S. 173–174 an. Wiederhole regelmäßig die Vokabeln.

2 **Congiuntivo imperfetto:** raccogliessi, venissi, traducesse, proponessimo, cadeste, bevesser, mantenessi
Condizionale: raccoglierei, verresti, tradurrebbe, proporremmo, cadreste, berrebber, manterrei

> Schau dir den Punkt 3 im *Riassunto* auf S. 22 und den Punkt 2 im *Riassunto* auf S. 46 an. Mache folgende Übungen: Schülerbuch, S. 28/3, Arbeitsheft, S. 15/1, S. 16/3, S. 33–34/3–5.

settantanove 79

Lösungen

3 Ormai è **una** settimana che abito in questa nuova città, **in cui** mi trovo abbastanza bene. **I** compagni di scuola (**che** spesso non capisco!!) sono molto simpatici, e **la** mia vicina di banco, **di cui** vi ho parlato al telefono, è davvero **una** grande amica. Se **riesco** a imparare bene **il** tedesco, vi **prometto** che andrò a lavorare qui in Germania. Domani **andiamo** a fare una gita a Berlino, se il tempo **è** bello, altrimenti la **faremo** il prossimo weekend. **La** capitale mi interessa davvero tanto, non vedo l'ora di vedere **la** porta di Brandeburgo, **che** voglio assolutamente fotografare. Se mi **rimane** del tempo, **voglio** andare a vedere l'università **da cui** sono usciti grandi nomi. Voi come state? **Se potete**, venite a trovarmi! La casa **in cui** vivo è abbastanza grande e **la** mia famiglia avrebbe **una** stanza in più **che** vi può dare tranquillamente.

Schau dir Punkt 1 im Riassunto auf S. 46 an. Mache folgende Übungen: Schülerbuch, S. 28/4–5; Arbeitsheft, S. 17/4.

4 1. andassi, sceglieresti 2. stessi, spenderei 3. si sentisse, tornerebbe 4. valesse, comprerei 5. sapessimo, faremmo 6. voleste, dovreste 7. imparassero, potrebbero 8. fosse, ce la farebbe

Schau dir den Punkt 2 im Riassunto auf S. 46 an. Mache folgende Übungen: Schülerbuch, S. 33/3–4; Arbeitsheft, S. 20/4.

5 Come stai? Oggi ti racconto qualcosa delle mie vacanze a Roma! Il primo giorno **sono arrivato** tardi alla stazione: il treno **era già partito** da dieci minuti. **Ho preso** il treno successivo. Ieri **ho visitato** il Colosseo: ero a Roma da tre giorni, ma ancora non lo **avevo visto**. E oggi pomeriggio io e la mia amica Laura **abbiamo deciso** di andare a vedere un film, ma quando **siamo arrivati** al cinema, **era già cominciato** da cinque minuti. La mia amica **ha voluto** prendere l'autobus, anche se i nostri amici ci **avevano detto** che c'era molto traffico. Adesso infatti siamo fermi, ma almeno ho il tempo di scriverti questa cartolina.

Schau dir den Punkt 3 im Riassunto auf der S. 46 an. Mache folgende Übungen: Schülerbuch, S. 33/6, Arbeitsheft, S. 23/3, S. 21,5.

UNITÀ 3 (AUTOCONTROLLO, PP. 46–47)

1 avessi/avrei rispettato; avessi/avresti risolto; fosse/sarebbe crollato/-a; ci fossimo/ci saremmo allontanati/-e; aveste/avreste distribuito; fossero/sarebbero scappati/-e

Schau dir den Punkt 1 im Riassunto auf S. 72 an. Mache folgende Übungen: Schülerbuch, S. 58/3; Arbeitsheft, S. 34–35/5.

2 1. sarebbe stato/ci avessero dato 2. avessimo avuto/avremmo potuto/si sarebbero preoccupati 3. avessero distribuito/saremmo morti 4. avesse abbaiato/avrebbe trovato 5. fosse cambiato/avesse fatto/sareste tornati 6. ci fossi stata tu/avessi portato/avrei saputo 7. avessi conosciuto/sarei andato

Schau dir den Punkt 1 im Riassunto auf S. 72 an. Mache folgende Übungen: Schülerbuch, S. 58/4; Arbeitsheft, S. 34–35/5, S. 35–36/6.

3 1. Se Maria non avesse perso la borsa, Raffaele non l'avrebbe trovata. 2. Se nella borsa non ci fosse stata una cartolina, Raffaele non avrebbe saputo l'indirizzo. 3. Se non fosse passato a casa di Maria, non si sarebbero incontrati. 4. Se non avessero bevuto un caffè, non si sarebbero innamorati.

Schau dir den Punkt 1 im Riassunto auf S. 72 an. Mache folgende Übungen: Schülerbuch, S. 58/4; Arbeitsheft, S. 34–35/5, S. 35–36/6.

4 sono dedicate, vengono presentate, è pensata, viene mangiato, viene preparato, sono stati fatti, sono chiamati, è considerata

Schau dir die Punkte 2–3 im Riassunto auf S. 72 an. Mache folgende Übungen: Schülerbuch, S. 63/5, S. 64/6; Arbeitsheft, S. 40/4–5.

5 ci, ci, ne, ne, ne, ci, andarci, ne

Schau dir den Punkt 4 im Riassunto auf S. 72 an. Mache folgende Übungen: Schülerbuch, S. 63/4; Arbeitsheft, S. 41/6